UN PROFETA COMO FUEGO

Perfil espiritual de José Rivera

Julio Alonso Ampuero

UN PROFETA COMO FUEGO

Perfil espiritual de José Rivera

Editorial Anawim, 2024

© Del texto, Julio Alonso Ampuero, 2024

© De esta edición, Editorial Anawim, 2024

Cubierta diseñada por María Giménez-Arnau
Web: mariagimenezarnau.com

ISBN: 978-84-126324-7-7

Dpto. legal: M-9307-2024

Editorial Anawim S.L.
CIF: B-10812618
C/Condesa de Venadito 17, 4ºD
28027 Madrid
Web: anawim.es
Email: anawimperiodico@gmail.com

ÍNDICE

PRESENTACIÓN

José Rivera ha sido un don inmenso de Dios a su Iglesia. Quienes le hemos tratado de cerca hemos experimentado siempre una profunda admiración hacia él. Admiración que ha crecido después de su muerte al conocer sus diarios íntimos. Admiración ratificada por la Iglesia al declararlo "venerable" (es decir, digno de veneración por haber vivido todas las virtudes en grado heroico).

Convencido de que se trata de una poderosa luz que Dios ha regalado a la Iglesia de hoy, ofrezco en este volumen:

1.- Una breve *reseña biográfica* para los que no conocen al venerable José Rivera Ramírez[1], junto con una

---

[1] Quienes deseen conocer su biografía completa pueden leer: JOSÉ MANUEL ALONSO AMPUERO, *José Rivera Ramírez. Testigo de la luz* (Monte Carmelo, Burgos 2016); del mismo autor, *José Rivera Ramírez. Pasión por la santidad* (Fundación Gratis Date, Pamplona 2014; también disponible gratuitamente en www.gratisdate.org). Además existe una *Breve biografía del Siervo de Dios José Rivera Ramírez*, publicada con ocasión dela apertura del proceso de canonización.

cronología fundamental de su vida.

2.- Un *perfil espiritual* del venerable Rivera desde la perspectiva de su vivencia de las virtudes teologales. Se delinean así algunos de sus rasgos esenciales, sin pretender agotar la riqueza de su personalidad cristiana, tomando como base los textos de su Diario personal y de sus cartas[2].

La abundancia de textos recogidos evidencia también otra característica de su persona que ha sido destacada ya desde la homilía del funeral al día siguiente de su muerte: maestro de vida espiritual.

3.- Finalmente, en el último capítulo sobre *la renovación de la Iglesia* reproduzco la conferencia, ya publicada, con motivo de los 50 años de la ordenación sacerdotal del venerable Rivera, que titulé *"Los males de la Iglesia: causas y remedios"*.[3]

La enseñanza y la predicación de Rivera, en su gran riqueza y abundancia, han tenido en los últimos años de

---

[2] Este perfil se une a otras publicaciones de la Fundación José Rivera que han resaltado diversos aspectos de la santidad del venerable José Rivera (destaco entre otros: AA.VV, *José Rivera. Sacerdote, testigo y profeta,* BAC, Madrid 1996, y AA.VV, *José Rivera Ramírez, un sacerdote diocesano,* Toledo 2004).

[3] Fundación José Rivera, *Cincuenta aniversario de la ordenación sacerdotal del siervo de Dios José Rivera Ramírez,* Toledo 2003.

su vida este acento peculiar: la transformación de la Iglesia. Su amor apasionado a Cristo y a la Iglesia, su anhelo incontenible por la salvación de los hombres, le han impulsado a reflexionar, a orar, a leer y estudiar. De este modo se ha convertido en auténtico profeta al ir siempre a la raíz de los problemas y al proponer soluciones igualmente radicales.

Si, como testigo de Cristo y maestro de vida cristiana, sus escritos y sus predicaciones orales (que también se conservan grabadas en buen número[4]) son un torrente de luz, creo que es sobre todo en la perspectiva de la ansiada renovación de la Iglesia donde sus palabras resultan especialmente válidas para los tiempos que nos toca vivir.

Quiera Dios que la voz de este profeta que el Espíritu ha suscitado sea escuchada y no caiga en el vacío.

Julio Alonso Ampuero

---

[4] Se puede acceder gratuitamente a ellas en www.jose-rivera.org

I
RESEÑA BIOGRÁFICA

Sacerdote de cuerpo entero –según la feliz expresión de san Juan Pablo II- José Rivera Ramírez es un testimonio elocuente del poder de la gracia de Cristo y de la fuerza del sacramento del orden.

Último hijo de cuatro hermanos, nace en una familia profundamente cristiana y crece en el ambiente de la entonces fervorosa, llena de vitalidad y fuertemente apostólica Acción Católica, en la que participaban sus hermanos y a la que él mismo ingresará.

Marcado por el testimonio heroico de su hermano Antonio y por el ardor evangelizador de Manuel Aparici, deja los estudios de Filosofía y Letras que había iniciado en la universidad para –una vez discernida su vocación al sacerdocio- incorporarse al seminario de Comillas, donde otro hombre de Dios, el P. Nieto, avivaría su anhelo de santidad y su amor a los pobres. Después cursó la teología en Salamanca, estudiando siempre con pasión, orando con fervor y preparándose intensamente para ser ministro de Cristo.

Ordenado sacerdote para la diócesis de Toledo (España), ejerce sus primeros años en labores parroquiales, primero como vicario parroquial y después como párroco, con frutos notables, sobre todo en el pueblo de Totanés.

Pero muy pronto será llamado a la tarea a la que se entregará durante casi toda su vida, primero en Salamanca, más tarde en Palencia y finalmente en su Toledo natal: la dirección espiritual de seminaristas.

Hombre de abundante oración y enormemente estudioso (tareas, ambas, que realizaba en buena parte durante la noche, al dormir pocas horas), se verá cada vez más solicitado para la predicación de retiros y ejercicios espirituales por toda España, así como para la dirección espiritual de sacerdotes, religiosas y laicos.

Hombre ungido por el poder del Espíritu, predicaba con fuerza y convicción. Sus palabras, bien alimentadas por la oración y labradas por el estudio, eran un desbordamiento de luz. Su predicación no dejaba indiferente a nadie.

Con gran capacidad de acogida y escucha, atendía en dirección espiritual todo tipo de personas, de toda índole y condición, incluidos enfermos psíquicos. A esta labor dedicaba muchas horas al día, siempre con excelente humor.

Los últimos años de su vida se vieron marcados por un creciente amor y atención a los más pobres. Para ayudarlos, se endeudó e involucró en este servicio a bastantes personas, muchas de las cuales le ayudaban con sus bienes.

Profeta como fuego, en sus últimos años su vida y su palabra eran un auténtico volcán. Veía con dolor el notable retroceso de la Iglesia sobre todo en Europa, e indagó las causas de sus males y propuso las líneas guía para su renovación. Basadas en las luces de lo alto, en sus amplios y profundos estudios y en su dilatada y rica experiencia espiritual y pastoral, estas indicaciones siguen siendo totalmente válidas hoy.

Consumido por el celo de la Casa de Dios, por su inagotable entrega apostólica y por sus constantes ayunos y vigilias, murió tras sufrir un infarto de miocardio, dejando tras de sí una poderosa estela de santidad y de luz.

Abierto su proceso de canonización, la Iglesia lo declaró venerable el día 30 de septiembre de 2015. Se espera un milagro que Dios obre por su intercesión para que pueda ser beatificado y, si Dios quiere, posteriormente canonizado.

Cronología

1925: Nacimiento en Toledo (España) (17 de diciembre)

1926: Bautismo (2 de enero)

1927: Confirmación (27 de marzo)

1933: Primera Comunión (día del Sagrado Corazón)

1936: Muerte de su hermano Antonio (20 de noviembre)

1942: Ingresa en la Universidad en Madrid (Filosofía y Letras)

1943: Ingresa en el Seminario de Comillas (octubre)

1948: Inicia Teología en Salamanca (octubre)

1952: Ordenación de diácono (20 de diciembre)

1953: Ordenación de presbítero (4 de abril)

1953: Coadjutor en la parroquia de Santo Tomé, de Toledo (7 de julio)

1955: Párroco de Totanés (Toledo) (28 de junio)

1957: Director espiritual en el Colegio El Salvador (Salamanca) (primavera)

1957: Director espiritual en el Colegio Hispanoamericano (Salamanca) (septiembre)

1963: Recuperándose en el noviciado de los Hermanos de San Juan de Dios (otoño)

1965: Vice-director de la Casa de Ejercicios de Toledo (octubre)

1966: Profesor de Teología de la Vocación en el Seminario de Toledo (octubre)

1968: Año de Espiritualidad con seminaristas en Talavera (Toledo) (octubre)

1970: Director Espiritual en el Seminario de Palencia (septiembre)

1972: Intenta ingresar en la Cartuja (19 de marzo)

1975: Profesor y Director Espiritual en el Seminario de Toledo (octubre)

1978: Instalación del Santísimo en su casa (1 de febrero)

1979: Testamento. Donación de su cuerpo (verano)

1982: Donación de su biblioteca al cardenal-arzobispo (otoño)

1983: Se erige el Centro Santa Leocadia para vocaciones de adultos. Director espiritual

1985: Santa Leocadia es erigido como Seminario

1987: Donación de la casa familiar al arzobispado de Toledo

1988: Se ofrece como víctima por un sacerdote (26 de diciembre)

1991: Fallecimiento (25 de marzo)

1994: Enterrado en Toledo tras ser devuelto el cadáver por la Facultad de Medicina

1998: Apertura del proceso de canonización

2015: Es declarado venerable (30 de septiembre)

II
PERFIL ESPIRITUAL

«A mí, el último de todos los santos, se me ha concedido esta gracia: la de anunciar a todas las gentes las inescrutables riquezas de Cristo» (Efesios 3,8)

«Tú, que en los momentos más angustiosos de tu pasión manifestaste una sed ardorosa de almas, haz que se comunique a mí aquella tu sed»

(Frases de la estampa-recordatorio

de su ordenación sacerdotal)

Introducción:

«Hemos conocido y creído el amor que Dios nos tiene» (1Jn 4,16)

La vida de toda persona es un misterio. La acción de Dios en el alma humana va obrando de una manera que solo Dios conoce. La persona se va abriendo —o cerrando- a la Gracia divina. El resultado es ese ser único e irrepetible que constituye cada persona humana.

Por tanto, cuando nos acercamos a ese misterio, ninguna frase o fórmula puede encerrar la riqueza contenida en ese ser humano. Sin embargo, respecto del venerable José Rivera, las dos frases anotadas arriba pueden darnos una clave. Son las que él mismo eligió para el recordatorio de su ordenación sacerdotal. Y, como en Rivera nada era casual, sino pensado y bien pensado, podemos concluir que estas dos frases expresan mucho de lo que había en él cuando a sus 27 años accede al ministerio sacerdotal.

Ante todo, la humildad, la conciencia de su indignidad: "A mí, el último de todos los santos". Era consciente de su pequeñez, fragilidad y miseria, como se pone de manifiesto en la lectura de su *Diario* íntimo. A pesar de su valía personal, de su amplia sabiduría, de los frutos de su ministerio, jamás se le vio orgulloso, altanero o prepotente.

Y junto a ella, la conciencia y la experiencia de la acción de Dios en su alma: «Se me ha concedido esta gracia». Él, que destacó como predicador del poder único de la Gracia divina, que durante años como profesor explicó en el Seminario el tratado de Gracia —con el adecuado y constante estudio—, tuvo ante todo —como un san Pablo o un san Agustín— una experiencia profunda de esa acción de Dios en su propia alma.

Pero este don no era para él solo. Como Pablo, siente

el impulso interior e incontenible a «anunciar a todas las gentes las inescrutables riquezas de Cristo». Inescrutables: nunca dejó de bucear —mediante la oración y el estudio —en esa riqueza. Y por todas partes —como verdadero enamorado— anunció a Cristo y su misterio, dio a conocer al Padre y al Espíritu, así como su acción en el alma, la santidad, la vida cristiana…

«Profeta como fuego» (cf. Sir 48,1), vivía en su corazón esa «sed ardorosa de almas», reflejo y contagio de la sed suprema de Cristo en la cruz (cf. Jn 19,28) que ha inspirado a tantos santos. Un celo por la salvación y santificación de todos, un ardor por la renovación de la Iglesia, que le llevó a «gastarse y desgastarse» (cf. 2Cor 12,15). Toda su existencia fue esencialmente apostólica.

En estas páginas queremos acercarnos a la riqueza interior del venerable José Rivera desde la perspectiva de su vivencia de las virtudes teologales. Esas virtudes que son el fundamento y la raíz de la vida cristiana y de la vida apostólica, tanto sacerdotal como laical. Esas virtudes que con frecuencia tenemos demasiado olvidadas…

Rivera no las tenía olvidadas. El tratado de Gracia (actualmente denominado Antropología Teológica) que explicaba a los seminaristas era también *y Virtudes*. Además de enseñarlas, las estudiaba, como reflejan los abundantes libros de su biblioteca sobre el tema, cuidadosamente subrayados, reflexionados y asimilados.

Pero, sobre todo, procuraba vivirlas y ejercitarlas en

su existencia cotidiana. Y se examinaba sobre cómo las vivía: preparó para sí mismo un minucioso «examen de virtudes» —que luego compartió con seminaristas y sacerdotes, laicos y religiosas— sobre el que volvía con frecuencia, sobre todo en sus días de retiro personal (lo incluimos al final de este capítulo). Quien haya conocido a Rivera no dudará en definirle como hombre de fe y de esperanza; y también de caridad.

Nos acercaremos a su vivencia de las virtudes teologales dejándole hablar a él mismo. Más que elaborar una reflexión nuestra, iremos acumulando textos suyos, sobre todo de su Diario y de sus Cartas (los mismos subtítulos son frases textuales suyas). De todo ello emergerá un precioso testimonio, por el que nos podemos dejar iluminar y vivificar.

La mayor parte de las referencias las tomaré de su Diario, que es donde más se refleja su alma y sus actitudes. En estos escritos personales se percibe su itinerario espiritual, su empeño por vivir la fidelidad a la gracia y a las inspiraciones divinas, su combate contra el pecado, los apegos e imperfecciones de todo tipo, sus anhelos y afanes apostólicos. Por sí mismos constituyen una expresión vibrante de la síntesis del venerable entre vida espiritual, estudio o lecturas y experiencia pastoral: en el Diario encontramos tanto meditaciones sobre la Palabra de Dios, los textos litúrgicos o los escritos de los santos, como análisis rigurosos de sus apegos y defectos, o reflexiones acerca de la situación de la Iglesia y el mundo, todo ello en una síntesis armónica y profunda.

Haré también algunas referencias a las cartas, que directamente testimonian su sabiduría como maestro de espíritus e indirectamente su propia experiencia espiritual.

Las virtudes teologales

Antes de pasar a los textos del venerable José Rivera, veamos lo que dice de las virtudes teologales el Catecismo de la Iglesia Católica:

«Las virtudes humanas se arraigan en las virtudes teologales que adaptan las facultades del hombre a la participación de la naturaleza divina (cf *2 P* 1, 4). Las virtudes teologales se refieren directamente a Dios. Disponen a los cristianos a vivir en relación con la Santísima Trinidad. Tienen como origen, motivo y objeto a Dios Uno y Trino» *(n.1812)*

«Las virtudes teologales fundan, animan y caracterizan el obrar moral del cristiano. Informan y vivifican todas las virtudes morales. Son infundidas por Dios en el alma de los fieles para hacerlos capaces de obrar como hijos suyos y merecer la vida eterna. Son la garantía de la presencia y la acción del Espíritu Santo en las facultades del ser humano. Tres son las virtudes teologales: la fe, la esperanza y la caridad (cf *1 Co* 13, 13)» *(n.1813)*.

I.- "Como viendo al Invisible" (Hb 11,27)

«La fe es la virtud teologal por la que creemos en Dios y en todo lo que Él nos ha dicho y revelado, y que la Santa Iglesia nos propone, porque Él es la verdad misma. Por la fe el hombre se entrega entera y libremente a Dios» *(Catecismo, n.1814)*

La frase de san Juan antes citada era particularmente estimada por el venerable José Rivera, y la usaba frecuentemente en su predicación. Para él la fe era ante todo creer en el amor: el Amor revelado y comunicado por Dios en su Hijo Jesucristo.

Los que le han conocido de cerca coinciden en que era, ante todo, un hombre de fe; se le pueden aplicar las palabras que la carta a los Hebreos refiere a Moisés: «permaneció firme, como viendo al Invisible». En su palabra y en su testimonio el mundo sobrenatural resultaba increíblemente real; ponía de tal manera en presencia del misterio, que todo lo demás se volvía crepuscular.

1.- «Hace 20 siglos que un Hombre me está amando»

Si queremos encontrar la clave de la vivencia personal de Rivera, hay que descubrirla en su experiencia del amor de Cristo. Ante todo **es** un hombre fascinado por Cristo y cautivado por su amor:

«Jesús me ama con todas sus capacidades. No puedo imaginar potencia, ni acto, ni palabra, ni latido del Corazón de Jesús, que se mueva fuera de este amor; y esto siempre. Hace 20 siglos... que un hombre me está amando sin remisión en cuanto a la intensidad, sin interrupción en cuanto al tiempo, sin dejación en cuanto a las facultades; sin riesgos de cansancio, sin ser influido por mi respuesta. Cristo es "el que nos ama"...» (Diario, 20-VI-1972)

Se trata de un amor que él experimenta como gratuito e inmerecido:

«Mi vida se me ofrece como una obra de belleza maravillosa. ¡Dios mío, nada hay más hermoso que el amor! ¡Dios, que es Amor, es belleza! Y los 46 años ya pretéritos están apretadamente llenos de manifestaciones, de realizaciones del amor de Cristo. Y en El, actuando sin cesar, el Padre y el Espíritu. Si fuera pintor, ¡qué cuadro! Si tuviera tiempo, ¡qué poema! San Juan de la Cruz pudo cantar —lo que daba su experiencia— el amor de

Cristo a una esposa fiel; yo compondría el cántico del amor de Cristo al hombre que no le fue fiel jamás. Y ese matiz es todavía más bello. El poema no lo escribiré nunca; pero el gozo de la contemplación de este Amante, eso no me lo puede impedir nadie, como no sea El mismo, para que le ame yo de una vez» (Diario 1972)

Este amor de Cristo le sacia plenamente, le satisface, le "basta":

«Jamás, desde hace mucho tiempo, he hallado yo un solo árbol en que descansar. A la verdad no lo he echado nunca de menos. Para esto me ha bastado siempre Cristo y no he podido comprender, ni en mis peores momentos, esa proliferación de literatura sobre la soledad y la necesidad de apoyo en los sacerdotes. Que Cristo basta es para mí algo experimental y fuera de toda duda» (Diario 1972)

Un año antes de su muerte, como resumiendo en una mirada de conjunto la historia de su vida, escribe:

«Más que nunca, volviendo la vista atrás, hasta mis primeros años objeto de posible recuerdo, vivo la sensación y la idea de "niño mimado de Dios"... Si exhumo, de los subterráneos de lo pretérito, sucesos particulares, encuentro, de una u otra manera, signos de su ternura» (Diario, 28-II-1990)

24

El Venerable entiende y experimenta toda la vida —natural y sobrenatural— en todos sus aspectos y circunstancias como proviniendo de Cristo y de su amor:

«Una característica de su amor es ser estrictamente fontal: en cuanto que no hay belleza que no proceda de Él, y por tanto, lo que no procede de Él no es bello, aunque nuestro pervertido gusto lo estime como tal; de que no puede por menos de producir belleza en toda actuación» (Diario, 20-VI-1972)

«En Él están todas las riquezas; cuanto yo pueda pensar que es bueno, cuanto las gentes dicen, con frase usual, que las enriquece, si es auténtica riqueza, y si está auténticamente recibida, de Él procede; de Él inmediatamente. No hay caudal que no provenga de Él, y aun la misma hacienda real no nos hace más opulentos si no la aceptamos de su mano. Pues todo bien tomado de otra parte, es decir, que nosotros pensamos como de otra procedencia, es inasimilable, nocivo para quien lo toma. Nosotros apenas osamos decirlo, pero un hombre enamorado, como Pablo, proclama bien alto que todo lo tiene por basura, comparado con el sublime conocimiento de Jesucristo. Quien considera su propia abundancia, quien proyecta enriquecerse, nada consigue sino enfermedad; sólo venidos de su mano, aceptados de Él como dador, son

asimilables los bienes de cualquier especie»
(Diario, 28-XI-1972)

Entiende este amor como la realidad fundamental y fundante de cualquier otra realidad:

«La realidad última de todo, objetos y sucesos, es el amor de Dios que les da el ser. Y que, consiguientemente, es tal amor lo que ha de contemplarse siempre, y en él y desde él la realidad consecuente. Que en todo hay que preguntarle qué noticia amorosa nos quiere comunicar; y sus noticias son siempre eficientes, causativas, transformantes, divinizadoras. Que lo más importante, en cuanto nos alcanza de una u otra manera, es el amor de quien nos lo da. Que aun los males, los males reales, dimanantes de las deficiencias de la humana colaboración, no nos llegan sin el acompañamiento de gracias que nos capacitan para asimilarlos, para substanciar en nosotros el bien, que imprescindiblemente aportan, una vez que existen. Y esta actitud debe ponerse en acto respecto de las cosas: cualquier perfección me revela a Cristo -me manifiesta el amor que me tiene, pues me lo comunica de alguna manera-, me acrecienta el amor a Él, puesto que su revelación es siempre operativa eficazmente; me asimila a Él, puesto que me impulsa a la actuación cristiana. Y lo mismo he de pensar respecto de las personas, de los sucesos, de las acciones a que me siento movido por Él. Todo es, ante todo, ejercicio de su amor y por tanto revelación eficaz de su amistad» (Diario 4-II-1973)

Todo se convierte para él en signo o sacramento de Cristo y le ayuda a su propia santificación:

«Considerar más y más las maneras de "venida" de Cristo: los signos: presencias sacramentales - los superiores - los acontecimientos - las inspiraciones interiores - el prójimo. Cada vez que discierno su figura en las "especies" sacramentales, o cuasi-sacramentales, de que se rodea, soy espiritualizado» (Diario, 30-XI-1984)

En consecuencia, entiende su propio amor a la gente como signo y sacramento del amor de Cristo:

«Si yo, que soy tan egoísta como cualquiera, puedo querer tanto, ¿cómo te querrá Jesucristo? Desde luego que si yo pudiera te haría santa, ¿cómo no te va a santificar Él? Porque Él es quien me da esta capacidad de querer. ¡La que debe tener Él!» (Carta del 21-II-1981)

Para José Rivera aprovechar el tiempo no consiste en otra cosa que recibir este amor y crecer en él:

«Aprovechar el tiempo no es hacer mucho o poco, esto o lo otro, sino recibir con amor personal -consciente y voluntariamente- los impulsos divinos» (Carta del 18-XI-1974)

Los escritos del Venerable testimonian que él ve todas las cosas en Cristo y desde Cristo:

«El mundo busca remedio, aunque sea en Jesús, y le miran a Él como solución de tal o cual problema; en cuanto a mí, lo que me sale es contemplarle a Él sin más, y sólo allí encuentro los problemas que hay que solucionar» (Diario, 6-IV-1972)

Más aún: él no percibe a Cristo como exterior a sí mismo, sino como sujeto de la propia vida:

«Rigurosamente diremos no ya tener puestos los ojos en nuestra Cabeza, sino dejar que nuestros ojos sean el instrumento de nuestra Cabeza. No mirar a Cristo, sino dejar que Cristo mire con nuestros ojos» (Diario, 19-II-1990)

2.- «Siempre veo»

Todos los escritos del Venerable Rivera están impregnados de un profundo sentido de fe. Todo en ellos respira visión sobrenatural. Da la impresión de que esta se ha convertido en él en algo natural o, por mejor decir, connatural. Escribe así a una dirigida:

«Completamente de acuerdo con lo de que cualquier iluminación suele ir precedida de oscuridad. No lo digo por mí, que hace mucho que siempre veo...» (Carta del 13-IV-1977)

Él mismo reconoce que esta visión es un don recibido ya desde el hogar paterno. Comparando su trayectoria con la de J.H. Newman, cuya vida y escritos anda estudiando en esa época, escribe:

> «El asunto de la fe objetiva que tanto costó a Newman alcanzar lo he recibido en el bautismo y con tanto vigor que las innúmeras lecturas impías y los innúmeros pecados cometidos, no han sido poderosos ni a perturbarla. De modo que en la medida que la he ido cultivando ha ido creciendo en mí. La espontaneidad de la fe, y con aplicaciones inmediatas desde el inicio, ha sido como un milagro, desde luego una maravilla» (Diario, 4-IV-1990)

Ciertamente los escritos manifiestan que esta visión sobrenatural tiene en él una particular consistencia y robustez. El mismo Venerable la reconoce como un don muy especial de Dios:

> «Pese a todas las infidelidades de mi vida, lo que ciertamente avanza sin cesar es la visión sobrenatural. Sí, cada uno tiene su propio don, y sin duda el mío es este de ver. Apenas me dejo influir un poco por Él, mi facilidad, mi anchura y profundidad y longitud en las visiones adelanta» (Diario, 30-III-1972)

Un don recibido sin duda no solo para sí mismo, sino para los demás, para la Iglesia, y que él vincula directamente con la oración abundante:

«No conozco a nadie con tal llamamiento a la fe, y facilidad para las visiones sobrenaturales, como el que veo en mí... Lo admirable en Dios es que, apenas me recojo un poco, pese a todos los pecados, vuelvo a vivir las ideas. El medio de que se acreciente, el mismo por donde fue dada: oración abundante y tranquila, contemplando su grandeza y dejando brotar las consecuencias» (Diario, 6-XI-1963)

Escribiendo a las 4:35 de la madrugada dice:

«Me siento atraído por la oración en estas horas en que, aunque un tanto molesto por el frío, mi espíritu se saborea tan libre. Hay como un cierto aliciente por "la primacía de lo espiritual", y una sensación de que la experiencia de anteponer la oración a todo es cabalmente el medio más eficaz para llegar a vivirla en todo» (Diario, 5-XII-1969)

Es sin duda este contacto cotidiano y prolongado con el Invisible lo que ha dado a su fe ese sentido de realismo y esa solidez y vigor que tanto impresionaban a los que escuchaban la predicación de José Rivera y que sus escritos testimonian. Dice un texto del Diario, continuación de otro antes citado:

«... Dejar que Cristo mire con nuestros ojos. La

mirada de Cristo ve la realidad que El mismo está creando y señorea; y crea la verdad que todavía no existía, sino que comienza a existir precisamente por nuestra mirada. Pues la mirada del cristiano es creadora. Tal es la fe: creer lo que no vimos y crear lo que todavía no habíamos visto, porque no era…»(Diario,19-II-1990)

3.- «Preparo sus días en mis noches»

Ya he aludido antes a la importancia y prioridad que el Venerable daba a la oración en su vida personal. Es esta una constante ininterrumpida a lo largo de sus escritos. Estos testimonian —particularmente el Diario— una dedicación abundantísima a la misma, dedicación que resulta particularmente significativa en un hombre con vocación de vida activa y generalmente muy ocupado. Normalmente dedica a la oración un tiempo largo de la noche, dejando el día para los diversos menesteres apostólicos; sin embargo, cuando eso no le ha sido posible, procura reservar durante el día el tiempo que considera oportuno para la oración. Igualmente son significativas las frecuentes vigilias de una noche entera y los retiros periódicos de un día. Baste un texto entre tantos, siendo director espiritual y profesor del seminario diocesano de Palencia:

«Yo estoy muy centrado tanto en la dirección como en las clases, aunque eso sí, sin tiempo para nada. Únicamente soy inflexible en dedicar a la oración el espacio que va del despertar hasta la hora de levantarse ellos; la mayor parte de los días 3 horas por lo menos, a veces más. Y de cuando en cuando cojo la noche entera...» (Carta del 23-III-1973)

Con frecuencia, al comenzar a escribir, anota la hora: casi siempre es durante la noche o la madrugada.

«Oración de 4:45 a 7. Realmente estos ratos deliciosos, anticipaciones de la madrugada, prolongados, ¡aunque nunca lo suficiente para llegar a satisfactorios!, son mi nutrición. Frente al sagrario, con libros espirituales, con la liturgia de las horas. Me pacifican y alientan para días» (Diario, 22-II-1990)

Él, que entiende la oración como «conciencia de la presencia personal amorosa y activa de las Personas Divinas» (Carta del 15-I-1973), la experimenta como fontal: fuente de gracia, de crecimiento en las virtudes y de purificación:

«La fidelidad a los ratos prolongados de oración me parece la base de todo. Y con ella, en ella y con ocasión de ella muy principalmente, la afirmación intensa, interior, del valor real de las cosas, al tener que negarnos, para hacerla, a otras actuaciones, incluso positivas, y aun muy valiosas» (Diario, 13-VI-1971).

«Sin duda, lo capital es la perseverancia regular en la oración; pues en ella, sea como sea, cuan pobre sea, se me advierten las diversas debilidades y los muchos errores que voy perpetrando de continuo. Y así van siendo corregidos y asimilados humildemente» (Diario, 7-XII-1983)

Pero además de la dimensión estrictamente personal, entiende y vive su oración como tarea sacerdotal y apostólica, es decir, como intercesión:

«Poderoso de nuevo el sentido de intercesión. Gusto de estas vigilias en que me siento velando mientras duermen todos, o casi todos, los que me han sido confiados. Yo preparo sus días en mis noches» (Diario, 21-XII-1972)

Y además de la dedicación a la oración en sí, valora y cuida mucho los momentos de actualizar y ejercitar la fe, sobre todo antes de las diversas tareas:

«Creo que debo insistir en las "actualizaciones". Pues la concentración en el artefacto, o en su ejecución, viene a contarse entre lo más nocivo de la actividad humana... Destructivo para la persona, invalida el ejercicio y el efecto hacia los otros. Y para colmo, con engaño; ya que las apariencias fingen realidad (...) El hombre suele cuasi-obrar "en sombra y sólo engaño". Y así palpamos y padecemos las resultas» (Diario, 12-XI-1984)

«Aun con deficiencias, las intenciones reiteradamente actualizadas resultan muy eficaces (...) Cuando después de un tiempo, más o menos prolongado, de ejercicio, una práctica determinada inicia esa especie de desvanecimiento, por rutina o cansancio, su renovación suele aportar nuevo vigor a la actitud que la había producido» (Diario, 28-XI-1983)

4.- «Jamás he instrumentalizado la tarea intelectual»

Junto al cuidado de la oración como «la base de todo», José Rivera testimonia también en sus escritos una notable dedicación al estudio. Dotado de unas singulares capacidades intelectuales, vemos por el Diario cómo en un momento determinado de su vida se plantea si su vocación específica no será la dedicación exclusiva o prioritaria al estudio. Descartado este camino, vemos cómo en medio de sus múltiples ocupaciones apostólicas sabe sacar tiempo abundante de estudio, muchas veces a costa del sueño.

Sin embargo, lo más significativo de esta dedicación es el modo como entiende y las actitudes con que vive el estudio:

«Desde la infancia para mí el estudio ha sido un entrar en relación con personas particularmente valiosas. Jamás he instrumentalizado la tarea intelectual para dominar nada, para mostrarme yo valioso, para obtener algún efecto. Siempre he establecido las dichas relaciones personales, y de ahí han brotado espontáneamente estos frutos que me han hecho aliciente a tantas personas» (Diario, 19-I-1990)

Se constata que vive el estudio en singular armonía e integración con la oración y la vida espiritual por un lado y las tareas y afanes apostólicos por otro. Escribe en la *Nota sobre el estudio de la Teología*:

«Es en la oración, en la adoración, en la devoción, en el sentido profundo de la palabra, donde nace y vive la Teología, la inteligencia de la Palabra de Dios» (p.58)

«No podemos por tanto penetrar en el objeto de la Teología sin esta connaturalidad, sin este instinto, esta actuación de los dones del Espíritu Santo» (p.61)

«Sólo con una vida espiritual muy avanzada fructificará tu Teología. Vida de virtudes teologales y dones del Espíritu Santo. Especialmente aquí los de entendimiento, sabiduría y ciencia» (p.72)

En realidad, toda esta *Nota* —presentada como

consejos a un seminarista estudiante de Teología— rezuma experiencia personal, además de fundamentación teológica y magisterial.

Y volviendo al Diario:

«Pienso que mi eficiencia apostólica depende ante todo del espíritu interior, pero también de mi ciencia espiritual. Ahora, esta ciencia, entendida en plenitud, es ciencia experimental. No basta la experiencia sin el estudio -o mejor, no puede haber experiencia sin estudio-, pero menos aún basta el estudio sin práctica, pues no se nos concede, sólo por él, la inteligencia de lo sobrenatural» (Diario, 6-IX-1974)

Es significativo que ya desde su época de seminarista el estudio de la Teología no queda reducido a meras ideas, sino que es conocimiento profundo de realidades que afianzan su fe y le hacen vibrar:

«Yo, aunque he pensado muchas veces esta misma historia de mi alma, de la obra de Dios en mi alma, nunca la he visto tan maravillosa como ahora. Ahora que estoy estudiando al mismo Dios, no ya en sus criaturas naturales, ni en la gracia, ni en los sacramentos, ni siquiera en Cristo, sino en sí mismo. Ahora que sé mejor que nunca que Dios es caridad, ahora que veo tan iluminadas y tan profundas esas verdades que entreveía antes, de que todo en nosotros es cosa de Dios, de que

Dios es nuestro Padre, de que nos ama, de que es necesario confiar en Él, de que "todo coopera al bien de los que le aman"» (Carta de febrero de 1953)

Y con ocasión de la noticia de la enfermedad de una persona muy cercana:

«Ya venía encomendándola especialmente desde que recibí su carta y supe lo de aquellos dolores que tenía. Porque después de estudiar la Redención, el sufrimiento me interesa tanto y me da tanta pena que se malgaste...» (Carta, 20-III-1952)

En algunas épocas de su vida se plantea acrecentar la dedicación al estudio a costa del tiempo consagrado a las actividades apostólicas, y ello precisamente porque percibe el valor y la eficacia apostólica del estudio:

«Me inclino más y más a considerar necesaria la dedicación al estudio. No he de tener reparo en diferir visitas, haciendo menos frecuentes las conversaciones de dirección, para obtener horas de lectura reposada, elaboración de pensamiento y aprendizaje (perfeccionamiento) de idiomas. Eliminar el fetichismo de la proporción entre abundancia de palabras y fruto. Por supuesto, Dios emplea nuestra palabra; mas la "proporción" se establece con nuestra personalidad, aun en el nivel natural... El instrumento natural usado es,

primordialmente, la personalidad, no la palabra»
(Diario, 28-XI- 1984)

«Estimo más y más su importancia [del estudio]. En la historia de la Iglesia, de continuo, los movimientos que alientan a la perfección han sido combatidos por las gentes buenas... Deformados por algunos, contradichos por la generalidad» (Diario,24-I-1984)

A lo largo de las páginas de los Cuadernos de estudio y los Diarios encontramos referencias continuas a las lecturas y estudios que realiza el Venerable.

Estudia la Sagrada Escritura (con la ayuda de comentarios exegéticos) y los Santos Padres; lee los documentos del Magisterio de la Iglesia (tanto encíclicas como discursos y homilías del Santo Padre); acude a los mejores teólogos y autores de libros de espiritualidad, además de las lecturas asiduas de los escritos y biografías de los santos...

Es seguramente este profundo enraizamiento en la fe de la Iglesia lo que le lleva a escribir hacia el final de su vida, con ocasión de críticas que probablemente le han llegado acerca de su predicación:

"Vivo absolutamente cierto de que nada predico que no sea constitutivo en la vida cristiana» (Diario, 11-VI-1989)

Pero su planteamiento del estudio es de gran amplitud: además de los estudios estrictamente teológicos y espirituales, acude a otros campos del saber, como la historia, la filosofía, la psicología y, sobre todo, la literatura. Como ejemplo de sus proyectos de estudio para una temporada, se puede ver lo indicado en el Libro de Estudios y al inicio del Diario de 1961.

Y al mismo tiempo se ve que todas estas lecturas *profanas* las integra en una óptica creyente, cristiana y pastoral. Esto se constata en las reflexiones y comentarios que le suscitan las diversas lecturas y estudios y que anota en sus escritos.

5.- «Vivir con Jesucristo es vivir en el misterio»

Al venerable Rivera se le percibe notablemente respetuoso con el misterio de Dios. Tanto en su oración, como en su estudio o en su tarea apostólica, encontramos a un hombre humilde ante la grandeza de Dios, que no intenta controlar o dominar su acción ni sus planes:

> «Pero —y es fontal— debe primar sobre todo la consideración de que vivir con Jesucristo es vivir en el misterio. Y que, sean cuales sean las circunstancias, no conozco en suma los caminos que Él piensa seguir. Que acaso en medio de dificultades más notables reciba más vivamente la gracia, la que sea. Ya estoy experimentado en sentir derrumbarse mis planes mejor construidos, y contemplar asombradamente brotar, de tierra estéril, los árboles más fecundos del reino del

espíritu» (Diario, 24-XI-1974)

«La fe es oscura, y (...) debo abstenerme de esperar mejoras concretas visibles. No puedo querer que el 100 por 1, que seguramente debo esperar, pues lo contrario fuera pecar contra la fe en la palabra de Cristo, tome las formas de mi capricho. También a esas satisfacciones debe renunciarse. Y también esta renuncia fructificará en 100 por 1. Y los gozos consecuentes los recibiré cuando, donde y como Él quiera. Y en suma, importa que espere ante todo la gloria sin más, la gloria de lo que llamamos cielo...» (Diario, 24-I-1973).

«Trabajar con Dios [en el apostolado] es siempre necesariamente un ejercicio de fe; es fiarse de que Él sabe dónde va y nosotros no sabemos a dónde nos lleva. Y eso es cabalmente lo que nos santifica, pues por la confianza participamos de su grandeza»

«Una tarea, una conversión, es fructuosa en la medida que se realiza en pura trascendencia. Jamás sé ni siquiera si mis palabras van a salvar a la persona que tengo frente a mí, o a otras —muchas más— lejanas, ignotas para mí en la etapa de vida terrena. Si van a fructificar hoy o dentro de años...Vivimos de lo invisible, experimentado en fe y caridad. Nuestras palabras, si expresan la intención del Señor, consagran cada momento y cada lugar, y lo sacan del tiempo y del espacio, eternizándolos, porque hacen entrar en ellos al Eterno mismo. Y así se va haciendo la nueva creación» (Diario, 1979)

Se percibe que esta actitud ayudaba al venerable José Rivera a relativizar lo relativo y le proporcionaba profunda paz y abandono en Dios y en sus planes.

II.- «La esperanza no defrauda» (Rom 5,5)

«La esperanza es la virtud teologal por la que aspiramos al Reino de los cielos y a la vida eterna como felicidad nuestra, poniendo nuestra confianza en las promesas de Cristo y apoyándonos no en nuestras fuerzas, sino en los auxilios de la gracia del Espíritu Santo» *(Catecismo, n.1817).*

Los que conocieron al venerable José Rivera saben bien que, junto a su profundo sentido sobrenatural de fe, destacaba en él una robusta y vigorosa esperanza, inasequible al desaliento; esperanza que transmitía y contagiaba con su palabra y con su modo de vivir y situarse ante las personas, los acontecimientos, los problemas y dificultades… Lleno de confianza en Dios, era un auténtico «varón de deseos» (Dan 9,23 Vulg).

1.- «Todo consiste en estar a la espera del milagro»

De hecho, es también uno de los rasgos que más destacan a lo largo de sus escritos: frente a las deficiencias propias y a las dificultades apostólicas, encontramos el testimonio de una esperanza inmensa y heroica, de una confianza total en la acción de Dios y de su gracia:

«...la gracia acosa por donde puede, y si le cerramos las puertas entra por la ventana... mientras no se rompe la confianza no hay nada fundamental perdido, y que todo consiste en estar a la espera del milagro, de la maravilla...» (Diario, 17-IV-1972)

Escribe esto aludiendo a la experiencia de su propia transformación después de una etapa que él considera de falta de correspondencia a la gracia.

Sin embargo, confiesa que la confianza no es algo natural en él:

«La esperanza no es algo natural en mí, que por temperamento y por sensación infantil, soy absolutamente desconfiado, proclive a la desesperación pura» (Diario, 30-III-1972)

Por eso la reconoce como un gran don de Dios y procura corresponder a él confiando más y más y no dejándose llevar por el ambiente naturalista de falta de esperanza:

«Confiar intensamente; rechazar, más que cualquier otra cosa, las tentaciones de desmayo, o incluso del desinterés que engendra la desconfianza, respecto de mí y de los demás, de todos, de cualquiera. Podemos llegar a cumbres jamás conjeturadas por hombre alguno; estamos llamados eficazmente a elevaciones incomparablemente más sublimes de cuanto pensamos... Insistir, predicando, con oportunidad y sin ella; no dejarme —¡yo al menos!— corromper por el ambiente naturalista» (Diario, 18-X-1972)

No hay ninguna debilidad, deficiencia o infidelidad que le impida seguir esperando todo del amor y del poder de Cristo. Después de reconocer que ha vivido una temporada mediocre, escribe:

«Comencemos de nuevo... esperando. La única virtud en que no creo me aventajen muchos es en la esperanza. Esta capacidad de volver a esperar, a empezar, o ni siquiera volver, sino proseguir esperando, pese a las objeciones más aparentemente definitivas contra la esperanza. Sin más motivo que la pura fe... Que a mis 58 años, con la historia que tengo detrás, continúe esperando, me resulta literalmente un milagro. Porque espero, espero. La santidad heroica es hoy mi objetivo, como lo era a los 14 años... ¿No debo, no le debo a Cristo, tras la historia de su fidelidad frente a mis infidelidades permanentes, esta esperanza: este deseo vivo, aunque tantas veces ineficaz, esta confianza inquebrantable? Pienso que la desconfianza sería el único pecado imperdonable...» (Diario, 22-XII-1983)

Y llega a formular esta «ley inmutable»:

«Es ley inmutable: al menos en la medida que espera recibe; no digo *lo que espera* en concreto — a lo mejor le conviene otras gracias previas, de esas que no se advierten con facilidad previamente porque son más fundamentales— pero sí que a la medida de la esperanza es la donación. Eso sí, puede superarla; pero jamás será inferior» (Carta del 30-V-1975)

2.- ‹Lo peculiar de Dios es hacer maravillas»

Como se ve, esta esperanza inquebrantable brota en el Venerable de su fe y de su conocimiento incluso experimental de la grandeza del amor de Dios y de su poder:

«Todo esto es maravilloso; pero lo peculiar de Dios es hacer maravillas y la tarea del hombre — glorificarle— consiste esencialmente en esperarlas de Él. Dejar a otros el trabajo de realizar con sus esfuerzos -no faltaba más, con la ayuda de Dios- mediocres tareas; para mí queda esperar de Él obras perfectas. "El que cree en mí hará las obras que yo hago y las hará mayores, porque voy al Padre". Esta es la glorificación de Jesucristo resucitado» (Diario, 1-V-1972)

«Si casi nadie se fía de Dios, si casi todos dicen que hay que poner de nuestra parte, y entienden por eso hacérmelo yo todo, es porque casi nadie ha tenido ni un día de confianza sin más, y por tanto no le ha dado ocasión para mostrar esa ternura inmensa de que Él mismo alardea en la Biblia» (Carta, 25-II-1975)

Por eso procura ante todo mirar a Dios y hacer repetidos actos de confianza:

«Confianza tranquila en el amor omnipoderoso del Padre. Esperar sin más: cada visión admirable se convierte, antes o después, en ejecución maravillosa, si la recibimos con esperanza (...). Es asombrosa la resistencia de la gente a dedicar un rato a volver breve, pero muy frecuentemente, a esta reiteración de los actos de confianza que Él mismo nos ha enseñado, a ejercitar la poca que se tenga. Y sin embargo, con eso vendría después todo lo demás. Él lo daría, pues la confianza nos abre a sus dones, incluso milagrosos.

Uno de los obstáculos en nuestro progreso es que nos vemos más a nosotros que a Dios con su amor» (Diario, 30-VI- 1972)

No se trata de confiar a pesar de las dificultades, sino que estas son muchas veces ocasión para que Dios realice obras más maravillosas aún:

«Las dificultades son la ocasión para el "milagro". No exigir el aspecto milagroso en las conversiones, pero no excluirlo, porque como amor, Dios tiene de sobra para realizarlo. Y porque no es dudoso que se complace en llevarlo a término» (Diario, 26-VI-1972)

Y junto con la confianza, el deseo, que es el otro aspecto de la esperanza:

«Si realmente, como pienso, Dios me encarga de la misión arriba expresada, si realmente los deseos espirituales no pueden fallar, puesto que es el mismo Espíritu quien los crea para que se realicen fructuosos, este deseo de conversión de la Iglesia particular, en que Dios me encarga laborar, por la cual el Espíritu me mueve a pedir —en la liturgia misma— no puede quedar infecundo» (Diario, 30-VIII-1989)

«Imposible, he escrito muchas veces, según el pensamiento de Sta. Teresa de Lisieux, que Dios ponga deseos que no va a cumplir, muy por encima de lo que nosotros creemos esperar. La esperanza es virtud abierta, que se mide por la inconmensurable misericordia divina. La señal de la tal medida es la Encarnación misma del Verbo: infinita en su entidad divina» (Diario, 29-XII-1989)

Y explica:

«El deseo de santidad, la pena de ser tan deficiente, es ya una acción suya en Ud. Y Él no quiere dejar las cosas a medias. De modo que si le comunica a usted deseo de ser santa es que ya la está santificando. En las tareas naturales desear y confiar es un paso previo y muchas veces ineficaz, pero en los menesteres sobrenaturales el deseo y la confianza son ya realización» (Carta del 4-VI-1984)

3.- «Imposible que no sea santo»

Si «lo peculiar de Dios es hacer maravillas», ciertamente la mayor maravilla que Dios puede y quiere realizar en los hombres es la santidad. Por eso es respecto de la santidad —propia y ajena— donde con más intensidad y vigor vemos vibrar la esperanza del Venerable Rivera:

«Idea de que es imposible que no sea santo. ¿Cómo podría mantenerme este deseo, tan continua e intensamente, a pesar de tantos fallos, si no viniera de Dios y pensara Él en cumplírmelo?» (Diario 1964)

Y años más tarde, mirando hacia atrás la historia de su vida, exclama:

«...¡qué fracaso patente! Un éxito no más, aunque ese sí, esencial: incomparablemente más valioso que todos mis ensueños de adolescencia: esta obstinación en la fe, esta tenacidad para no dimitir, ni en las circunstancias más desalentadoras, del único designio fundamental: la santidad. Bien sé que no es victoria mía, sino de ellos: del Padre, de Cristo, de su Espíritu... Y en su gran parte cabalmente contra mí mismo. Y esa es mi sola —pero inimaginable— alegría» (Diario, 19-III-1972)

Tres años antes de su muerte sigue esperando de la misericordia de Dios la conversión total y la santidad plena:

«Yo he dicho —hace muchos años, muchos ya, pero lo he repetido no pocas veces—: un santo es un hombre que está siempre a la espera del milagro. Del milagro de la perfecta conversión. Y por lo menos en esta actitud persevero. Solamente que se va agrandando el formato de la esperanza, el volumen de lo esperado» (Diario, 29-I-1988)

«La misericordia de Dios es más grande, infinitamente mayor, que la miseria mía. Y cabalmente orientada a salvarme de ella (...) Lo que no ha sucedido, de bueno, puede suceder mañana: y debo esperarlo. Imposible que no llegue lo que espero, pues sólo se trata de la operación de esa misericordia sobre nosotros... Dios nos encierra a todos en el pecado para compadecerse de todos. Donde abunda el pecado sobreabunda la gracia... Y esto es de fe» (Diario, 9-II-1988)

El venerable, que considera la santidad como «la única tarea cierta» (Diario, 7-X-1983), se aplica a buscarla con anhelo incontenible y poniendo todos los medios a su alcance (oración, examen de conciencia, lectura espiritual abundante, confesión frecuente...).

Tiene una idea altísima de la santidad y del valor y la eficacia de los santos en la Iglesia y en el mundo:

> «La acción de un santo es capaz de suscitar torrentes de vida, puesto que deja libre la actuación de la vida misma» (Diario, 2-XI-1972)

> «Un santo es fuente de crecimiento incalculable; pero en un santo de esta época de la Iglesia debe ser una especie de ciclón, o mejor, una permisión necesaria en su plan, para que el Espíritu sople en huracán sobre la tierra...» (Diario, 29-XII-1989).

De aquí brota su deseo continuo de purificación interior para ser puro instrumento absolutamente dócil de la acción del Espíritu. Anota:

> «Es incalculable la resistencia que el hombre, el hombre medio, el llamado de buena voluntad, opone a la gracia» (Diario, 3-XI-1972)

Incluso en los de «buena voluntad» se da esa indocilidad. Explica, hablando de las dificultades de colaboración entre unos y otros:

> «El mal está en que el principio de las operaciones de cada uno, tomadas particularmente, y no sólo

en el planteamiento, no es el Espíritu, sino el temperamento personal humano...» (Diario, 31-V-1984)

Por eso, para hacerse dócil, insiste en su propia abnegación y en la docilidad y correspondencia a cada una de las insinuaciones del Espíritu, para dejar paso libre a la acción de Cristo en él y a través de él en muchos otros:

«Cada acto de docilidad a lo que estimo inspiración del Espíritu Santo, me abre a nuevas inspiraciones. El avance urge, ¡Dios mío! En cualquier hora que yo acepte y ofrezca un sacrificio, hay miles de personas indigentes de gracias eficaces, para las cuales Cristo me ha hecho sacerdote suyo. Y no es el valor de mis acciones; sino el de las suyas -infinito- que realiza conmigo y en mí"» (Diario, 5-IX-1984)

«Jamás se trata de cumplir menesteres, sino de dejarme llevar por el Espíritu. Por eso no debo estar alerta para disponer faenas, sino para no interrumpir su acción, para dejarme llevar, zarandear por el soplo divino» (Diario, 14-III-1990)

«La corriente de gracias que pasa por mí... si la dejo pasar (...) Cuidado exquisito, pacífico por descontado, en la correspondencia a toda sugerencia del Señor... La fidelidad a las inspiraciones me potencia en incremento inacabable para la colaboración con Cristo. Cada inspiración aceptada me ilumina nuevos aspectos y me fortalece para cumplirlos» (Diario, 29-XII-1989)

4.- «Suscitar movimientos espirituales salvadores de muchedumbres»

Ciertamente la esperanza del venerable José Rivera —tal como aparece reflejada en sus escritos— no se agota en su propia santificación. Por el contrario, entiende ésta siempre en función de la santificación de muchos y del crecimiento de la Iglesia en número y santidad.

«¿No puedo yo, acaso, suscitar movimientos espirituales salvadores de muchedumbres? Así es, y no puedo dudar de que tal sea mi vocación. Solamente se requiere la condición de mi fidelidad...» (Diario, 21-X-1972)

«Posibilidad de crear en torno mío corrientes inextinguibles de fe y amor. Procreación de vida sobrenatural. Esto sí me anima a cualquier desprendimiento. O mejor dicho, ello me despega sin más, pues todo lo demás se me torna inimportante» (Diario, 23-X-1972)

«Me enciendo en ansias de ese otro mundo, y en anhelos de impulsar a los hombres hacia él. Me quema la mediocridad del seminario, y me saboreo responsable de suscitar movimientos anchos, duraderos, de elevación» (Diario, 28-XI-1972)

«Sé que me confía [el Señor] la santificación de unas cuantas personas por las cuales santificará millones, hasta la consumación de los siglos. Siembro para una cosecha eterna, que se recogerá al fin de los tiempos. ¡Qué dignidad de vida!» (Diario, 22-XII-1983)

Algunos de estos textos dan la impresión de que el venerable tenga la conciencia de haber recibido una misión especial en la Iglesia. De hecho, se le ve a lo largo del Diario interrogarse con cierta frecuencia por dónde Dios quiere conducir su vida.

Pero, a la vez, esta posibilidad de «suscitar movimientos espirituales salvadores de muchedumbres» la ve en relación con su condición de sacerdote, de ministro de Cristo. Es muy elevada la idea que expresa del sacerdocio como tal, lo cual le conduce simultáneamente a la esperanza de fruto y a la responsabilidad de vivir sacerdotalmente, es decir, en absoluta fidelidad al don recibido.

«Ser sacerdote de Jesucristo significa serle completamente fiel. Abundar en la certeza de que todo ingrediente de mi personalidad, sea pensamiento, voluntad, sensibilidad o miembro corporal, es suyo por muy variados títulos, y no tengo derecho a usarlo fuera de su iniciativa» (Diario, 11-VI-1978)

«Postura de sacerdote —dejarme mover por Cristo—; esperar que me otorgue, como visión espontánea y enérgica, eficaz, esta conciencia de su actuación ininterrumpida en mí; con la repugnancia consiguiente a todo acto meramente mío» (Diario, 21-X-1972)

«Conciencia de la desmesura de la eficacia del sacramento del orden: somos nosotros quienes hacemos posible la presencia de Cristo en las condiciones terrenas. Sin nosotros no hay vida: somos quienes vivificamos con la palabra —el testimonio— y quienes producimos el Pan vivificante. Pero somos los que hacemos todo ello si realmente somos; es decir, si vivimos la presencia sacramental de Cristo con su Espíritu en nosotros tal como quiere vivir por el sacramento del orden: por el carácter y por la gracia sacramental: santificante, creciente, continuamente operante...» (Diario, 20-V-1988)

Ve la acción Cristo —grandiosa, maravillosa— a través de su ministro no de una manera automática, sino condicionada a la asimilación personal del sacerdote a Cristo en una vida santa. De ahí deduce la gravedad de no dejarse mover por Cristo, pues esa resistencia impide la acción —de alcance ilimitado— del mismo Cristo:

«Es claro que soy responsable de multitud de pecados ajenos. Expresión fácil, y someramente intrascendente, de una realidad infinita. Es necesario llorarlo y repararlo con cruz y confianza, y atención a lo futuro» (Diario, 9-VII-1971)

«Es evidente para mí que, si hubiera asesinado a una multitud de personas, mi pecado sería mucho menos grave» (Diario, 15-VI-1971)

Por lo demás, es significativo que esta visión de la grandeza del sacerdocio le ha sido otorgada ya desde los primeros años de seminarista:

«Veo ciertas deficiencias, v.gr. el espíritu de oración, y considero rematado disparate entrar así en la gran intimidad con Cristo que supone el sacerdocio, porque trato tan familiar para el alma pura es continua ocasión de servirle y consolarle, para la impura de faltarle y entristecerle» (Carta de mayo 1974)

«Es imposible que haya algún acto de poca importancia en la vida de un seminarista; yo al menos siento que grandes intereses divinos dependen precisamente de cada una de mis acciones» (Carta de la primavera de 1950)

«Soy cada vez más consciente de la gravedad, de la inmensa locura que es una falta medianamente deliberada... Mis faltas, las faltas —deliberadas, claro— de estos seminaristas, son dolores inmensos sobre Cristo. Yo veo cada día en la vida del seminario jugarse la suerte de muchas almas que se van a salvar o van a condenarse según respondamos nosotros a las citas divinas» (Carta del 24-XI-1950).

Y la misma alta valoración tiene del celibato y de su vivencia. Explica en una carta de sus primeros años sacerdotales por qué prefiere vivir solo:

«El celibato sacerdotal es un estado opuesto al estado matrimonial. Significa que **todos** los gozos, los apoyos, las preocupaciones, que los casados encuentran en su estado directamente de otras personas (la mujer, los hijos, los parientes) o de unos bienes necesarios para sostener la unión con esas personas (carrera, medios económicos, ahorros, cultura...), el sacerdote lo encuentra inmediatamente en Cristo.

Es estar colgado totalmente de la divina providencia, es no buscar el vivir con alguien que me sostenga con una postura afectiva, porque el afecto lo encuentro en Cristo, ni que me atienda en mis debilidades humanas (la posibilidad de una enfermedad, de ponerme malo de noche, con dolor de cabeza...), porque es Cristo quien se encarga de darme fuerzas para sufrirlo o para remediarlo. La supresión de una situación económica estable, para depender inmediatamente de la divina providencia. Viviendo así es como me encuentro lo más tranquilo que mi temperamento me permite y como me encuentro lo más unido posible a Dios» (Carta de julio de 1956)

5.- «Dios va a renovar la Iglesia»

La esperanza del venerable Rivera se proyecta sobre toda realidad eclesial: la santidad de los sacerdotes y de los que se preparan al ministerio, la mejora de los seminarios, la santidad de los seglares... Confiesa que se siente particularmente llamado a ayudar a los que buscan sinceramente la santidad:

«Tenía interés en escribir a Ud. porque tengo la convicción de que desde hace bastante tiempo se actualiza Ud. la llamada de Dios a la santidad, y cuando veo —o creo ver— eso, me siento especialmente llamado (y atraído, ¿para qué lo vamos a negar?) a ayudar en lo que se pueda a esas personas» (Carta del 1-XI-1973)

También es relevante la ayuda a personas con enfermedades psíquicas, en cuya posibilidad de santificación cree con toda certeza. Para ellos parece tener una especial capacidad de ayuda, al distinguir el nivel psicológico del estrictamente espiritual en que se juega la respuesta a la gracia.

Pero hay una dimensión notablemente importante respecto de la cual José Rivera ejercita la esperanza, tal como se manifiesta en sus escritos. Me refiero a la renovación de la Iglesia en cuanto tal.

Todavía seminarista escribe:

«La fe consiste en saber que puede sucedernos todo, aunque la razón no lo vea... Todo subirá, todo se arreglará radicalmente aunque nosotros tengamos que sufrir mucho... Yo no sé lo que me tocará hacer, quizás desear, orar y morir, pero da lo mismo; lo que yo quiero es creer, creer en que Dios va a santificar el sacerdocio, va a renovar la Iglesia; "todo es posible al que cree", todo, sin límite alguno» (Carta de febrero o marzo de 1950)

Se puede decir que es esta una trayectoria de toda su vida:

«Desde luego, lo que veo claro es que hace falta cambiar bastantes actitudes interiores, con ellas no pocas formas externas de las instituciones de la Iglesia... Y espero que algo se avance en ello. Yo no creo que tenga otra misión sino hacerlo por mi parte personal y disponer a algunas personas de las que deben llevarlo a cabo» (Carta del 20-I-1975)

Al Venerable se le ve consciente de los problemas,

pero convencido de que toda renovación eclesial auténtica solo puede provenir de la conversión personal y de la renovación interior, que empieza en primer lugar en uno mismo antes de exigirla a los demás. Por eso afirma:

«Todos nos quejamos de los males de la Iglesia, y nadie nos dejamos sanar esos males en nosotros. Y es el solo remedio para el crecimiento de la Iglesia misma» (Carta del 23-III-1973)

Y asevera:

«Todo apego, toda mezcla, es algo mortal, muerte sin más. Consiguientemente: algo que infecta. Por tanto, quien trabaja, incluso con buena voluntad deliberada, pero influido por sus apegos, a la vez que expande algo vital, infunde vida —colabora con Dios para que la infunda, como necesario camarada de labor— infecta el ambiente en que se mueve. He ahí la razón de los males de la Iglesia. Son muy pocos los que conocen sus heridas, sus purulentas llagas interiores, y se lanzan con ellas a los menesteres apostólicos, y multiplican las reuniones, las charlas, las publicaciones, y van dejando infectados los contornos en los que se mueven. Esos mismos terrenos que quisieran mejorar.

No habría que dedicarse a quehaceres de cierta importancia, sino cuando se es ya muy puro. Creo que en las tendencias actuales se olvida totalmente esto... Y lo que se está haciendo, con buena voluntad deliberada —pero ello no impide el daño— es multiplicar los contagios... El enfermo debe vivir apartado, hasta que pase la época contagiosa de la enfermedad...» (Diario, 24-III-1973)

Con ocasión del desconcierto que predominaba en muchos ambientes en los años del postconcilio, escribe a su hermana Carmelina:

«Como puedes ver en esos ambientes que ahora frecuentas, entre tirios y troyanos, quiero decir entre progresistas y conservadores, no hay cristiano apenas que crea en la Iglesia ni en la Trinidad, ni que ame al prójimo, que sólo es prójimo por su relación con las Personas Divinas, realizada en la Iglesia, de una u otra manera. Yo, que tanto casco, estoy cada día más convencido de que en los tiempos especialmente difíciles hay que volver casi exclusivamente a lo esencial, y lo esencial interiormente es la fe, la esperanza y la caridad, y en cuanto a realizaciones concretas la oración y la cruz. Y todo lo demás viene a ser nada o poco más de nada, o puro daño —como creo que están siendo una buena parte de las cosas que se hacen hoy en el "apostolado" por una parte y por otra» (Carta del 8-III-1972)

Sin embargo, es en los últimos años de su vida

cuando más resalta esta faceta del venerable Rivera. Hay en él —tal como se manifiesta en su Diario— un fuego interior que le hace arder con un anhelo incontenible por la renovación de la Iglesia.

En este tiempo —al menos dos años largos, hasta su muerte— se dedica a estudiar, orar y reflexionar sobre los males de la Iglesia, sus causas y sus remedios. Se siente llamado, desde su profunda vida espiritual, sus prolongados estudios y su amplia experiencia pastoral, a analizar esos males para ponerles remedio:

> «Ignoro mi futuro en la tierra. Si largo, si breve; si con salud o con enfermedad... Lo que parece cierto es que como "hipótesis de trabajo" he de consagrar más y más horas a disponerme para pronunciar o escribir aspectos de la verdad mezquinamente expuestos, y exponerlos genuinamente, expresivamente...» (Diario, 12-II-1990)

Imposible transcribir —ni resumir— aquí lo que a mi juicio constituye un arsenal de reflexiones de incalculable valor para la hora presente —y futura— de la Iglesia. Se trata de reflexiones desordenadas, al hilo de sus lecturas y estudios, o de las luces recibidas en la oración, que valdría la pena presentar de manera ordenada y sistemática. En ellas se revela la talla de reformador del Venerable. El estilo y el contenido recuerdan a los de los grandes reformadores de la historia de la Iglesia, por ejemplo, a un San Juan de Ávila con sus famosos memoriales al Concilio de Trento.

Baste aquí indicar que sin duda la insistencia clave de estas orientaciones sobre la reforma de la Iglesia es la afirmación de que es la Iglesia como tal —diocesana y universal— en su conjunto la única que puede testimoniar al mundo el rostro de Cristo. Insiste rotundamente en que no es suficiente la santidad de algunos —personas o grupos— en la Iglesia para que el mundo crea y que son necesarios planteamientos nítidamente evangélicos en el conjunto de la Iglesia: fieles, jerarquía, instituciones, orientaciones pastorales...

«Voy calando más y más este criterio para discernir lo "imitable" de los santos. La mayoría de los modernos —¡desde la Edad Media al menos!— han buscado deliberadamente su propia santidad, o la santificación de mucha gente por individuos o por grupos... Actualmente hemos de buscar inmediatamente el crecimiento de la Iglesia en santidad. Y ello matiza muy diversamente ciertas maneras de vivir» (Diario, 2-II-1990)

«Debo pensar hasta qué punto el mal influye en los "movimientos particulares" (...) que prácticamente intentan sustituir a la "Iglesia diocesana" y en cierto sentido universal, en su tarea de evangelización (...).

El fermento que ha de cambiar la masa no es algo

que testimonialmente se ofrezca como movimiento de "gentes de Iglesia ", sino como la comunidad que pueda presentarse como Iglesia misma (...).

La comunidad de la Iglesia no puede mantenerse sino comunicándose. Y si no comunica la Iglesia como tal —como comunidad diocesana— no puede crecer ella, aunque haya crecimientos parciales en ella» (Diario, 11-II-1990)

Y todo esto lo vive no como quien realiza reflexiones meramente especulativas y asépticas, sino como quien ama apasionadamente a la Iglesia y se siente urgido a colaborar en su reedificación, como quien ama a los hombres todos, que necesitan —para encontrar a Cristo— del testimonio de una Iglesia santa en sus miembros y en su funcionamiento:

«...conciencia de apremio. No se puede perder el tiempo. Los desmoronamientos de las personas y de la Iglesia en totalidad se producen ya, minuto por minuto... Por ello los esfuerzos de reedificación han de ejecutarse ya, sin perder minuto»(Diario,17-II-1988)

6.- «Siembro para una cosecha eterna»

Hay en la esperanza del venerable José Rivera un equilibrio admirable entre el «ya» y el «todavía no». Por un lado, como acabamos de ver, se siente urgido a la conversión y santificación personal y a colaborar en la renovación de la Iglesia: puesto que ésta es visible, la salvación tiene que ser vivida y testimoniada «ya». Pero por otro lado, se sabe situado en un horizonte de eternidad y es consciente de que vive en el misterio, sin intentar aferrar o controlar la acción de Dios.

Además de otros textos ya transcritos, como el que da título a este apartado («siembro para una cosecha eterna, que se recogerá al fin de los tiempos»), menciono ahora el siguiente:

> «No siento gusto notable por los avances parciales constatables en la tierra. Sí por los definitivos... Espero sentirlo si se produce esta transformación tan deseada de la Iglesia diocesana. Pero si no puedo llegar a verla, si he de ser espectador de su proceso de raudo derrumbamiento, tampoco me parece que sufriré cosa mayor. No voy a señalarle a Dios los pasos de lo futuro; solamente esperar, desear confiadamente, su acción sobre nosotros» (Diario, 28-II-1990)

En los hombres de Dios —como en Dios mismo— se unen admirablemente los aspectos aparentemente contrarios: en este caso, el ardor y el anhelo incontenibles por un lado, la serenidad y el abandono confiados por otro.

Finalmente, es bueno indicar las fuentes en que alimenta su esperanza el venerable Rivera. Algunas ya están apuntadas. Baste indicar que se alimenta sobre todo de las promesas de Dios en la Sagrada Escritura y de lo que la Iglesia —movida por el Espíritu— pide a Dios en su liturgia (una y otra las meditaba asiduamente); del testimonio de los santos en sus escritos y en sus biografías (que leía también con abundancia y frecuencia); de la intercesión de los santos, especialmente de la Virgen María y san José; de las luces —que él entiende como ofrecimientos de gracia— del Magisterio, particularmente los documentos del Concilio Vaticano II; de la oración cotidiana como contacto con el Dios que le vivifica; del perdón de Dios, que le lleva a no dar nada ni nadie por perdido; y, finalmente de la experiencia de lo que Dios ha hecho en su propia vida y en otras personas a través de él...

III.- «El amor de Cristo nos urge»

(2Cor 5,14)

«La caridad es la virtud teologal por la cual amamos a Dios sobre todas las cosas por Él mismo y a nuestro prójimo como a nosotros mismos por amor de Dios» *(Catecismo, n.1822).*

Por lo expuesto hasta ahora, hemos podido comprobar que la espiritualidad del venerable José Rivera hunde sus raíces en el misterio trinitario, en la comunión viva y personal con las tres Personas divinas, y en una confianza inquebrantable en la acción de Dios, que siempre toma la iniciativa, y en el poder de su gracia.

Hemos visto también cómo este enraizamiento en Dios le ha llevado a vivir su vida espiritual y su ministerio sacerdotal desde una esperanza inmensa, dilatada e indestructible.

Finalmente, este conocimiento y experiencia de Dios y de su amor le ha llevado a un profundo sentido de responsabilidad y de urgencia apremiante.

1.- «Me quema la mediocridad»

Esta frase, tomada de un párrafo transcrito más arriba, resume toda una línea de pensamiento, de actitud y de acción del Venerable. Después del pecado considerado en sí mismo, se ve que toda su vida ha sido una guerra a muerte contra la mediocridad, que percibe como el daño mayor para la Iglesia y para el progreso del Evangelio.

> «Pida a Dios, sobre todo, que la libre de la mediocridad, que es lo más corriente y nos forma un ambiente donde se asfixian la mayoría (sin sentirlo) y nos sentimos asfixiados algunos (aunque no nos asfixiemos)» (Carta del 1-XI-

1973)

Para entender su idea de la mediocridad sería preciso exponer el contenido de lo que constituyó la lección inaugural del Curso 1986-87 en el Instituto Teológico de San Ildefonso, de Toledo (*«De la mediocridad y los mediocres en la Iglesia de hoy»*). Se trata de una exposición amplia y de una admirable profundidad y riqueza doctrinal, donde describe con tino y lucidez en qué consiste la actitud del mediocre y cuáles son sus causas. Al hacerlo, está ya apuntando el remedio de esa situación.

Para nuestro propósito basta que traigamos a colación algunos fragmentos del Diario:

> «La transferencia de lo corriente a la norma parece ser ley del hombre mediocre. ¿Acaso para no sentirse él mismo comprometido?» (Diario, 23-X-1972)

La causa última de la mediocridad es la falta de fe, al plantear la vida y la actividad desde las fuerzas naturales sin contar con la fuerza de Dios. Entonces se plantea todo desde las luces y capacidades naturales, que dan poco de sí, y se recorta y achata el Evangelio hasta adaptarlo a las posibilidades del hombre caído:

> «El error máximo en la Iglesia es la sustitución del Espíritu por las energías naturales» (Diario, 7-III-1988)

Lógicamente, la mediocridad alcanza a los

mismos planteamientos pastorales:

«Mediocridad, moderación, entendida a la medida de la mediocridad. Pues el modo que imponemos a las palabras y a los actos es deliberadamente mediocre...» (Diario, 1-XII-1989)

«La reducción del cristianismo a comportamientos morales, rebajados, fomentados por nuestra aprobación con el deseo de "no asustar" a gentes que necesitan inmediatamente tal susto para reaccionar... Lo que no asusta, aprueba. Lo que no se experimenta como aterrador, tranquiliza en la acomodación egoísta. Se ha perdido la inteligencia de la dignidad humana y de la acción salvífica del Salvador... Parece exagerada toda acción y aun todo pensamiento, correspondiente a la verdad del riesgo en que nos agitamos... La noticia estremecedora —de gozo, de espanto— se ha convertido en melopea arrulladora del amodorramiento letal...» (Diario, 20-III-1990)

Como remedio, apunta retomar los planteamientos radicalmente evangélicos e incluso el estilo de actuación que se ve en el Evangelio y en la Sagrada Escritura en general:

«...acerca del "estilo de la Iglesia". No acierto todavía a describirlo, a discernir las notas particulares, los matices característicos; pero basta con la lectura de los salmos, de los profetas, del N.T. en general. Estilo de apremio, de "rugidos", frente a estos rumorcillos tenues, casi inaudibles, de nuestros buenos eclesiásticos, curas o seglares...» (Diario, 1-XII-1989)

Y, además, la atención cuidadosa a cada una de las gracias e inspiraciones de Dios. Él sabe por experiencia que cada acto de fidelidad reporta nuevas gracias:

«...el descuido de algunos pormenores, aun de poca importancia en sí mismos, engendra actitud de mediocridad o tibieza...» (Diario, 28-XI-1983)

2.- «Todo sacrificio libera Espíritu Santo»

Este sentido de responsabilidad, como respuesta personal al amor de Dios, le lleva a vivir en actitud de sacrificio, a sacrificar múltiples cosas, planes, acciones, pensamientos... al Señor.

«Hubo proyectos que yo mismo derribé muy pronto: el amor humano, la sabiduría humana, que se me ofrecía apasionante, la gloria incluso... todo eso fue consagrado hace años en el altar de Dios, holocausto total después de todo, del que jamás me he arrepentido» (Diario 1972)

Sin embargo, entiende el sacrificio de manera muy distinta a como se suele entender. Sacrificar, para él y según el sentido etimológico de la palabra, es consagrar, hacer sagrado, elevar al nivel divino. Visión totalmente positiva y nada victimista. De hecho, muchas veces al hablar de sacrificio hace referencia a la enseñanza evangélica del 100 por 1 (él llega a hablar del 1000 por 1):

> «Todo sacrificio libera Espíritu Santo. Y es que sacrificio consiste siempre en que el Espíritu —implorado del Padre para que se realice la consagración eucarística— sopla en cualquier dirección, y si le dejamos barre el obstáculo existente, levantando nuestras energías a niveles superiores. Es claro que un cigarrillo es casi totalmente despreciable; pero el movimiento de intelecto y voluntad por el cual acepto la inutilidad de fumarlo, la seguridad, por acto de fe y confianza, de una acción divina satisfactoria, cien veces más satisfactoria, sobre mí, eso es de altísimo precio... Y como tales pasos se multiplican incontablemente, al cabo de un solo día, el progreso es raudo...» (Diario, 25-XI-1974)

Habla sin duda por experiencia cuando explica:

> «La eficacia comprobada de los sacrificios: sacrificar es hacer sagrado. Un sacrificio consiste en que Dios toma nuestras potencias y en lugar de emplearlas en el nivel meramente natural —que nos correspondería por seres humanos— las utiliza en el nivel explícitamente sobrenatural (al menos en lo tocante a nuestra intención), con lo

cual el fruto sube infinitamente de categoría. Por eso todo sacrificio es incomparablemente más útil de lo que podemos imaginar. Y como Dios es Amor y Gozo en sí mismo, necesariamente también todo sacrificio produce gozo, cien veces más —es lo que dijo Cristo exactamente— que produciría la misma labor hecha en el nivel humano. Sucede solamente que nuestra sensibilidad no está preparada siempre para recibir tal gozo y la primera sensación puede ser dolorosa... Pero a medida que el hombre va dejándose espiritualizar, connaturalizar con el Padre, la sensación misma se va tornando indefectiblemente gustosa» (Carta del 27-III-1973)

Desde aquí se ilumina con fuerza un texto ya citado que vuelvo a transcribir:

«En cualquier hora que yo acepte y ofrezca un sacrificio, hay miles de personas indigentes de gracias eficaces, para las cuales Cristo me ha hecho sacerdote suyo. Y no es el valor de mis acciones; sino el de las suyas -infinito- que realiza conmigo y en mí» (Diario, 5-IX-1984)

3.- «¡Cómo se ensancha el espíritu con el desasimiento!»

Esta expresión que encontramos en el Diario (30-

XI-1984) manifiesta otro rasgo de la espiritualidad del Venerable Rivera. Casi en cada página del Diario encontramos el testimonio de su lucha a muerte con la más mínima imperfección o apego. Es una insistencia continua y ardiente. Sin embargo, también aquí la visión es enormemente positiva: se trata de una abnegación liberadora, que le arranca de toda esclavitud y condicionamiento, que le ensancha y pacifica.

> «Seguro estoy de que casi cada acto de desprendimiento trae aparejada su propia experiencia. La del 100 por 1» (Diario, 6-IX-1974)

> «La urgencia del desasimiento: cualquier objeto que me condiciona no es recibido en su realidad revelante, sino en su envoltura condicionante. Y me hace más y más condicionado...» (Diario, 16-X-1984)

> «...una gracia claramente otorgada. No la gracia de trabajar yo a puro tirar de mí, sino la gracia de sentirme gustoso en la renuncia, por aliciente de alguna dádiva en trueque. Digan lo que quieran los otros. La vida espiritual es toda gracia, don... Y la paz y el gozo son frutos discriminantes de la acción del Espíritu» (Diario, 7-XII-1974)

Explica en carta a su «madrina», su hermana mayor:

> «Seguramente que lo más es esto: que la paz viene de la abnegación, y que cada vez me doy más

cuenta de que ese vaciamiento, de que habla San Juan [de la Cruz], es absolutamente condicionante. Claro, es cuestión de pedirlo, pero es cuestión de no dejarse llevar voluntariamente. Es cuestión de *cuando uno se da cuenta*, y en ratos largos de oración, presentarse a Dios con los apegos -y en ellos entran estas formas de ser que nos turban- y desear que Él nos maneje de verdad, y luego al llegar el momento no dejarse llevar voluntariamente de ellos. Es creer que estaremos mucho más tranquilos y gozosos dejándonos influir por Él que satisfaciendo las tendencias nuestras inmediatas. Es creer que casi todo en este mundo tiene muy poca importancia. Es no querer substituir al Espíritu Santo» (Carta 15-VI-1972)

Y comenta el modo principal de liberarse de los apegos: dejarse arrebatar por el amor a Cristo y a los hombres:

«La única forma de despegarse de tantas afecciones desviadas, conocidas en la oración, es fijar la mirada en Cristo, que al atraernos hacia sí, nos desliga de todo... es Dios, y sólo Dios, quien rompe los lazos, y cada lazo roto nos sirve de experiencia, de testimonio, de sacramento por así decirlo, de la eficacia y de la ternura de su amor. Y nos mueve a esperar más y más, con vivísimo deseo, confiado. Y ello no sólo para nosotros, sino también para los demás.

(...) Respecto de los apegos: pensar muy poco en ellos, después de un primer análisis; presentarlos a Dios, sin más discursos, cada vez que se ofrece su asalto a nuestra alma (y se advierte por la turbación de los sentimientos, esa especie de pinchazo en el espíritu, que a veces, no se puede negar, nos atormenta); no fomentarlos, suprimir cuanto no siendo estrictamente necesario por motivo de caridad, puede nutrir la tendencia al objeto en cuestión, y sobre todo mirar, mirar incansablemente a Cristo y a sus empresas» (Diario, 28-VI-1972)

«Esto [la "procreación de vida sobrenatural"] sí me anima a cualquier desprendimiento. O mejor dicho, ello me despega sin más, pues todo lo demás se me torna inimportante» (Diario, 23-X-1972)

En carta desde el Seminario de Palencia, donde se encuentra como director espiritual, cuenta cómo actuó desde joven:

«Yo creo que el pensar es sobre todo en Dios y en la vanidad total de cada satisfacción, en concreto, se trate de cosas pequeñas o grandes. Yo eso lo hice mucho en el seminario, y creo que me rebajó los apegos en un 60%. Después, como me encontraba un tanto sobre el nivel general, me hacía el efecto de que ya no los tenía. Y perdí un poco la costumbre. Al aumentar la oración, sobre todo ya aquí, después de bastantes años, me he dado cuenta de que aunque rebajados, todavía perviven, y he vuelto a la costumbre y no he tardado en notar que el desprendimiento adelanta...» (Carta del 15-I-1973)

Para el Venerable, la abnegación debe alcanzar a la purificación del carácter y los modos de ser:

«El Espíritu nos conduce según una línea que, en lo hondo, es peculiar, conforme con nuestra manera de ser natural; pero que contradice casi todas las tendencias naturales que aparecen como propias, y que son, por ello, las que pensamos que han de ser respetadas» (Diario, 30-III-1972).

Minucioso siempre consigo mismo para escudriñar cualquier rastro de apego, José Rivera constata también su desprendimiento respecto de muchas realidades:

«Dios ha conservado en mí bastante del despego que me concedió en los tiempos de mi lealtad fundamental, como para no padecer muchas penas que otros sienten. Dolores corporales, fracasos, desaires, aislamientos, juicios condenatorios, justos o injustos (pero en suma justísimos, pues toda condenación era benévola para quien se apartaba de Dios), separaciones voluntarias o involuntarias, renuncias a planes hipotéticos, a conocimientos concretos, modos

de vida poco consonantes con mi manera de ser...
Toda esa runfla de cosas y sucesos, que amargan
más o menos la vida de los hombres... no me han
removido jamás» (Diario, 17-IV-1972)

4.- «Los hombres se pierden a millares sin Dios»

Donde este tono de urgencia se hace
especialmente acuciante en el Venerable Rivera es en la
consideración de la situación de la gente, del mundo, de
la Iglesia misma. Es esta consideración la que le hace
arder con intensidad en su caridad pastoral y le hace
sentir su enorme responsabilidad como ministro de
Jesucristo moviéndole a vivir con una fidelidad cada vez
más exquisita a la acción del Espíritu en él.

Parece que desde muy joven lo vivió así y es una
constante de su vida que aconseja tener presente a los
demás para motivarles en su respuesta al Señor:

«El mundo está *muy mal* y la situación de la Iglesia
es muy grave. Ella no puede fallar del todo, pero
muchos cristianos pueden fallar totalmente a ella,
y desde luego ser muy gravemente heridos... Y
somos nosotros, los cristianos mismos, los que
estamos expuestos a ser heridos, los mismos que
estamos llamados a superar esa situación de la
Comunidad universal de la Iglesia. Déjese
penetrar de esta responsabilidad, pero con la
conciencia cada vez más intensa de que por eso

mismo puede contar con gracias inimaginables en todos los aspectos» (Carta del 4-VI-1973)

Da la impresión de que ha tenido una especial clarividencia y lucidez para detectar la gravedad de las situaciones, su alcance y consecuencias, y también sus causas y remedios.

«...voy a que el asunto es urgente; a que la gente está sufriendo horrendamente, a que se dañan unos a otros, aun sin mala voluntad positiva, a que, digan lo que digan muchos hoy, hay multitudes que se encaminan alegremente, inconscientemente al infierno.

(...) Pero urge, urge. Porque el amor de Dios se pierde sobre nosotros, y porque los hombres se pierden a millares sin Dios. Y cada persona que es santa, recoge ese amor divino y lo proyecta —con Cristo— sobre multitudes de una manera eficaz, salvífica» (Carta del 18-XI-1974)

La constatación de estas realidades va unida a la conciencia de los poderes recibidos por el sacramento del orden y la comprobación de la eficacia de los santos le hace sentir el peso de su responsabilidad. A la vez que comprueba el bien que ha pasado a través de sus manos, se duele del que ha impedido pasar:

«Especialmente esos 18 años de sacerdocio, ¡qué inconmensurable responsabilidad apostólica, Dios Santo! ¿Qué hubiera sucedido si yo hubiese sido fiel? Pues es cierto que mis diminutas fidelidades han ido siempre seguidas de realizaciones apostólicas, incluso visibles» (Diario, 30-III-1972)

Pero no se queda en lamentos estériles. Todo ello le enciende interiormente y le impulsa a entregarse, a gastarse y a dar la vida.

«Mientras pueda vivir sin el acucio continuo de la santificación de uno y otro, sin el terror estimulante de que tal o tal (incluso los ignotos) se condene, mi caridad —mi personalidad— es insuficiente. Sueño, comida, bebida, diversiones, actividad, conversaciones, todo debe estar organizado espontáneamente desde y por esta realidad. Tal debe ser el motivo de todos mis actos» (Diario, 6-IV-1986)

«Dar la vida: Supone estar dispuesto a darla por cada uno, lo que integra lógicamente cada cosa de la vida (...) Desgastarse por los demás: sin límites, con conciencia de unión actual con el Espíritu Santo. No es verdad que se tenga que conservar ahora la vida, para servir mejor después» (*La caridad*, p.28)

Esta entrega de caridad la entiende e intenta vivirla el Venerable José Rivera con tono de totalidad y con rasgos de ternura maternal.

«Medir el avance del reino —mejor dicho: mi

colaboración al avance del reino de Cristo— por la magnitud de mi caridad (pensamientos, sentimientos, reacciones espontáneas...) y no por la abundancia de conversaciones o prédicas. No las horas de charla —fácilmente contabilizadas, satisfactoriamente anotadas, como podría hacerlo un comisario comunista—, sino por la capacidad de sacrificio, por la espontaneidad de mis pensamientos, voliciones, sentimientos, reacciones corporales, en favor de cualquiera... Tengo más corazón de madre y menos conciencia de trabajador» (Diario, 11-XII-1983)

«Toda madre genuinamente madre se desgasta por sus hijos...» (Diario, 24-IX-1989)

Por lo demás, esta entrega y donación se van haciendo realidad en él al hilo de las demandas apostólicas de los demás, que le hacen tener la experiencia de «ser comido» (según la expresión del beato Antonio Chevrier, que le gustaba y utilizaba con frecuencia sobre todo en su predicación a sacerdotes):

«Cansancio físico muy notable. Los días postreros, extraordinariamente ocupado (...) Tal sea posiblemente el lote de "mortificación" que me ha tocado. No los ayunos elegidos, ni la total abstinencia de algunas satisfacciones. Sino esta disponibilidad hasta la impresión de agotamiento (...) La Semana Santa... La Pascua, ¿vivirlas persiguiendo más largos ratos de soledad, de recogimiento?, o simplemente, ¿tratando de vivir la experiencia del "ser comido", de entregarme a quienquiera para que me vean y me hablen y no me dejen satisfacer ni el mínimo de sueño? Probablemente sea esta segunda la actitud asignada por el Padre durante este año (...). Compartir modestísimamente, en las diminutas dosis que permite mi infantilismo, esta sensación de "bien mostrenco" que puede tomar el primero que pasa. Y que no toma sin educada petición, mientras que a Jesús lo tomaron con facha de dominadores...» (Diario, 2-IV-1985)

5.- «El juego imposible de cristianizar prescindiendo de la Cruz»

Esta frase del Venerable (tomada del cuaderno sobre *La Cuaresma,* p.60) nos hace entender su amor y su vivencia del misterio de la cruz. Convencido de que «la cruz de Cristo es el fundamento de todo» (Diario, 20-X-1989) y de que como cristiano y sacerdote ha sido llamado a asociarse a ella, procura vivirla con plena consciencia y sentido de responsabilidad sacerdotal.

Cristo nos ha dado la santidad cargando con nuestros pecados:

«Él se sintió inefablemente hundido, cargado, atado, sucio, débil, frágil, oscuro, ofuscado, esclavo, enfermo... Y así puede transmitirme a mí su elevación, libertad, limpieza, fortaleza, luz, claridad de visión, señorío, salud» (Diario, 5-VI-1985)

Del mismo modo el cristiano —y más el sacerdote— colabora en la santificación de los demás cargando con lo que a ellos les cuesta:

«Es evidente que si cualquiera de ellos no adelanta más es porque le cuesta (...) Lo que resulta es la necesidad de gracias eficaces, y esas se alcanzan sobre todo sufriendo por caridad. Consecuentemente, si yo sufro lo que ellos deberían sufrir, se lo ahorro, y les atraigo esas gracias eficaces que les transformen con toda la rapidez que Dios desea» (Diario, 7-I-1980)

Y explica más detalladamente:

«La situación está muy mal. La gente se empeña en buscar remedios naturales —políticos, sociales, culturales...— y todo eso no es el remedio, aunque algo de todo eso haya que hacer. Porque la raíz del mal enorme que nos tiene invadidos es el pecado. Y el remedio es la oración que incluye la expiación. El pecado de suyo produce una serie de sufrimientos (porque es el alejamiento de Dios, que es la Vida y el Gozo, y eso Él solamente). Las tendencias pecaminosas de los hombres necesariamente les hacen chocar con la realidad y con los demás hombres, y eso engendra las guerras, los crímenes, los disgustos... y eso no hay sigla que lo arregle, ni la más comunista ni la más cristiana. Sólo lo arregla el alcanzar gracia de Dios, santidad, caridad... Y todo ello lo alcanza la oración, pero necesariamente acompañada de expiación. Expiar es aceptar voluntariamente que el dolor que había de producir el pecado de otro en otro caiga sobre mí, en lugar de caer sobre él; con lo cual Dios le dará gracias -aunque él no sea consciente ni siquiera de que Dios existe- para que no actúe pecaminosamente y así evite la multitud de sufrimientos que el pecado trae irremediablemente. Es una realísima cruzada de expiación la que hay que hacer, si se quiere que el mundo se arregle (...) Sólo cuando un grupo suficiente de justos estén dedicados a orar y a expiar, podrá convertirse el ambiente siquiera de una manera bastante para que la gente de buena voluntad encuentre la facilidad de seguir el evangelio» (Carta del 12-X-1976)

Es una vez más la visión positiva y estimulante que hemos encontrado en otros aspectos:

«Toda cruz produce necesariamente comunicación del Espíritu Santo» (Diario, 4-IV-1972)

«La cruz, por menuda que sea, y aun no siendo específicamente cristiana, contiene valores desmesurados respecto de nuestros medios pastorales, si la sabemos asumir» (Diario, 2-XII-1974)

Más aún, la cruz es lugar privilegiado de encuentro y comunión con Cristo. Abrazar la cruz es abrazar a Cristo:

«Abandonar toda satisfacción del gusto, y acelerar la eliminación de comodidades. El valor de la cruz, de la mortificación, de la "incomodidad", del dolor, para encontrar a Cristo. Pues desde la cruz nos atrae, y allí, por tanto, ha de ser encontrado» (Diario, 27-XI-1984)

Por eso es fuente de gozo:

«Mira, la cruz es un motivo de gozo para el cristiano. Yo he dejado muchas cosas gratas y vivo incluso más contento. El frío, el hambre, la entrega a los demás, la humillación, la mortificación intensa han sido causas de gozo para los santos» (Carta de diciembre de 1962)

6.- «Ser pobre de verdad, como los pobres que piden»

Uno de los aspectos más elocuentes del venerable Rivera —particularmente en sus últimos años— es su intensísima vibración en el amor a los pobres. — Significativamente, coincide con los años en que el Magisterio de la Iglesia —en la voz del Papa san Juan

Pablo II ha insistido con renovada intensidad en la «opción preferencial por los pobres». Sin embargo, en José Rivera no encontramos algo *aprendido* y repetido, sino que le sale de muy dentro.

> «El negocio de los pobres, con toda la extensión que yo lo contemplo, con mucha más aún, es ciertamente fundamental en la propagación del evangelio. Y por ello no debo cejar —debo no cejar— hasta conseguir el fruto debido o agotarme yo. En pura gracia de Dios, pues ahondo continuamente en la convicción de que lo más íntimo del egoísmo humano es el deseo de posesión y seguridad» (Diario, 2-III-1990)

> «Mal puedo considerar que rezo verazmente el Padrenuestro, con su explícita petición del pan de cada día, si no me importa que la gente carezca de él» (Diario, 3-III-1990)

Ante todo, ve a los pobres como una presencia «cuasi-sacramental» de Cristo, según las mismas palabras del Señor en Mateo 25:

> «No podemos recibir las comunicaciones de Cristo si no le recibimos en todas las formas de comunicación; ahora bien, es evidente que una de ellas, situada probablemente en la misma línea de la eucaristía y después de ésta, es la presencia cuasi-sacramental en los pobres» (Diario, 15-XI-1989)

Su amor a los pobres adquiere tintes profundamente maternales. Es la «lógica del amor», que resulta indiscutible y aplastante:

> «Más y más voy creciendo en la persuasión de que no existen sino dos términos de elección para una madre: o proporciono una manera de vida suficientemente digna y cómoda —así en lo humano— a mis hijos, o muero yo con ellos...
>
> Yo no puedo admitir, salvo necesidad pastoral inmediatamente clara, ser tratado mejor que ellos» (Diario, 15-XI-1989)

Se aplica a sí mismo en su relación con los pobres la máxima evangélica del «amarás a tu prójimo como a ti mismo»:

> «Un aspecto al que debo atender es la prontitud. ¡Cuánto me mortificaría a mí si fuesen tan lentos en atender mis caprichos! Y ellos deben esperar un día y otro, volver un día y otro, escuchar un reproche y otro» (Diario, 1-III-1990)

Ante la situación de pobreza de tantos, él presenta como respuesta radical desde el Evangelio compartir la suerte de ellos, como ha hecho Cristo con nosotros:

> «Ya que no puedo dar de comer a todos, he de compartir sus hambres e insatisfacciones» (Diario, 21-IX-1989)

«Es preciso orar más y vivir más este compartir la pobreza y el sufrimiento humano. El hambre, el frío, el empleo del tiempo... Pedir luz y energía en la voluntad» (Diario, 24-IX-1989)

«El asunto de los pobres es exasperante. Ni se ha solucionado nada todavía —¡después de varios años!— ni se ha iniciado siquiera en serio su evangelización. Creo sinceramente que no hay más aportación posible a estas fechas que morir de hambre con los que mueren de hambre (...) He de recomenzar, llevándola mucho más allá que hasta ahora, esta manera práctica de vivir. No aceptar convites, no aceptar regalos de comida sino en dosis de hambre real» (Diario, 28-XI-1989)

Solo desde la pobreza real se puede testimoniar la caridad y la verdad de las bienaventuranzas y evangelizar de manera creíble. Escribe el mismo año de su ordenación sacerdotal:

«Yo me divertiría mucho, si no me diese tanta pena, al pensar que el clero "pobre" necesita una casa "digna", donde hemos de pagar 25 pesetas de pensión, que es igual o algo más de lo que emplea un obrero de mi parroquia para mantener a toda su familia. Nosotros no tenemos caridad suficiente para vivir en una casa peor, pero nos aterra pensar en la maldad del mundo, si ese obrero decide eliminar al 4º o 5º hijo que va a llegar a comer de las mismas 25 pesetas. Yo creo en la facilidad de la elevación de todo el mundo y en que esos obreros pueden ver fácilmente el amor de Dios en su pobreza, pero cuando nosotros hayamos creído primero y lo hayamos manifestado con nuestras obras. Mientras tanto creo que estamos obstruyendo una serie de gracias actuales que serían las que de hecho harían ver al pobre la vida sobrenaturalmente (...)

Yo creo que hay que sensibilizar el amor de Dios y la vida de fe, viviéndola. Y para decir bienaventurados los pobres, hay que ser pobre de verdad, como los pobres que piden y no como los que pueden dar, como los pobres que carecen de casi todo y se mueren de hambre y cuando llega una enfermedad saben que tendrán que morir...» (Carta del verano de 1953)

Respecto de los pobres, toma absolutamente en serio todas las palabras del Evangelio referidas a la caridad. Comentando el texto de Mt 5,20-26, anota:

«Ciertamente mi hermano tiene contra mí lo que como hermano tiene derecho a esperar de mí, y yo le escatimo. De donde concluyo, con toda certidumbre, que cualquier pobre tiene contra mí todo retraso en ofrecerle medios más o menos necesarios; comprensión... Nadie aguanta ni la centésima parte de las reservas que él mismo hace con cualquier pobre (...) Concluyo la infructuosidad general de la mayoría de nuestras prácticas de oración, por carencia de las disposiciones adecuadas. Y eso es lo palpable...» (Diario, 9-III-1990)

El venerable Rivera siempre presenta la atención a los pobres desde una perspectiva netamente evangélica y sobrenatural. Por eso promueve, junto a la ayuda material, su evangelización. Y ve esta atención desde una perspectiva eclesial y evangelizadora: si la caridad está en el corazón del Evangelio, su ausencia —patente en la desatención de los pobres— impide sin más la difusión del Evangelio.

«La cachaza con que enfrontamos las desgracias y dolores enloquecedores de la humanidad circundante, constituye pecado gravísimo... y origina nuevas y más densas pesadumbres, que derrumban la Casa de Dios» (Diario, 8-I-1990)

«Nuestra actividad caritativa no puede limitarse a proporcionar comida a un número de pobres, por alto que sea, sino que ha de dirigirse inmediatamente a solucionar todos sus problemas. El poder de la Iglesia, ahora mismo, es enorme. Por supuesto el poder, que es infinito, pero la voluntad divina, omnipotente, cuenta ya con medios de alcance casi indefinido. No tenemos que andar buscándolos... La Iglesia diocesana dispone de bienes muy sobrados, como he notado tantas veces, en "su patrimonio" —así se le llama:

el patrimonio de la Iglesia— y en sus miembros. Y no puede dudarse, sin pecado, de que el Espíritu Santo les impulse a su administración bajo el impulso de la caridad» (Diario, 3-XII-1989)

«La expresión de la caridad ardiente debe ser abrasadora (...) El patrimonio de la Iglesia es el pueblo cristiano que la constituye, y en primera línea los indigentes en cualquier aspecto» (Diario, 21- XI-1989)

En todo caso, el venerable José Rivera ve la pobreza no solo como participación de la situación de los pobres de este mundo, sino como participación de la pobreza de Cristo. Él procura vivir la pobreza ante todo por amor a Cristo. Y aunque no hubiera nadie que pasase necesidad, se inclina a no tener, a no poseer:

«Es preciso no tener, a no ser que me conste positivamente que Dios quiera que tenga. Es decir, es para tener para lo que hay normalmente que pensárselo dos veces o las que hagan falta... En cambio, para no tener, la tendencia debería funcionar más fácil y espontáneamente y también más confiadamente» (La Caridad, p. 21)

«El hombre llama crecimiento al dominio progresivo de instrumentos, en mayor número día por día, o poco menos. El crecimiento prescinde de tales multiplicaciones. Puede usar instrumentos o no usarlos. En nuestra época parece que la tendencia debe ser más bien a la abstención. Libros, papeles, utensilios, relaciones personales, medios para la comunicación... suelen estimarse imprescindibles; pero el hombre, limitado como es, queda asfixiado entre tanta materia...

Personalmente: abstinencia progresiva de cacharros materiales o intelectuales; supresión de "medios": importancia capital del ejercicio personal actual de la caridad, en sus realizaciones más simples, recados, charlas, oración... Creo que ni aun para el culto debo aceptar riqueza de elementos. La sobriedad —llevada hasta el extremo— es más congruente a la debilidad humana...» (Diario, 17-VI-1984).

Otros rasgos de su espiritualidad

Sería interesante desarrollar otros aspectos en que se refleja la rica y profunda experiencia del venerable José Rivera: vivencia del celibato, importancia capital del testimonio, fuerza de la auténtica predicación... Sería interminable. Al menos recojamos algunos textos más de su testimonio, tal como se refleja en sus escritos.

A pesar de poseer una personalidad

extraordinariamente dotada en el plano natural y singularmente bendecida por Dios en el sobrenatural —y el venerable Rivera era consciente de ello—, se mantiene en *una profunda humildad*, pues reconoce todas sus cualidades como don de Dios y no tiene inconveniente en aprender y recibir de cualquiera (por supuesto y en primer lugar, del Magisterio de la Iglesia y de los santos, pero también de cualquier autor que tenga algo que enseñar). Más bien, los muchos dones recibidos parecen urgirle a más «responsabilidad».

«Estoy menos tentado que nunca en estimarme "bueno", y me doy más cuenta que nunca de mi malicia: en bloque y en detalle. Y me siento más frágil, más en peligro que nunca ante las ocasiones habituales. Vaya, mucho más consciente de que soy pecado, y de que preciso a cada momento y con toda urgencia la salvación de Cristo» (Diario, 25-III-1978).

«Percibo con cierta claridad y siento con muy leve dolor y repugnancia la suciedad, pesadumbre, dolor, atadura, esclavitud, enfermedad, debilidad, fragilidad, hundimiento, opresión, ceguera, oscuridad, responsabilidad... de mi ya larga existencia de pecador... Y mientras los días transcurren, la suciedad... y la responsabilidad aumentan» (Diario, 4-IV-1985)

Descubrimos también en él la *vivísima conciencia* que los santos han tenido *de la enorme gravedad del pecado.*

Se percibe que al venerable Rivera le horroriza la mediocridad, a la que considera como fuente de esterilidad y de muerte:

> «Urgencia de progresar en este vivir total: conformidad con la vida real, que sólo de Cristo puede proceder. Cada vez que me dejo llevar del desorden, obrando según la carne frente al Espíritu, no sólo me desvivo, sino que dejo morir a alguien» (Diario, 10-I-1984)

Frente a la acusación de «exagerado» —de que muchas veces fue objeto a lo largo de toda su vida— escribe en una carta a su hermana Carmelina, siendo aún seminarista:

> «Dicen que yo exagero, pero en verdad lo único exagerado que yo veo en todas partes es el amor propio mío y ajeno...Todo mi temor consiste en que al cabo de 7 años me encuentro aún muy razonable, muy sujeto a normas humanas; y veo cada día más claro que mientras no haya un número bastante nutrido de sacerdotes y seglares a quienes las gentes honradas puedan llamar locos con razón, seguiremos en el ambiente actual de asfixia, muertos de asco si no nos hemos contagiado también nosotros» (Carta de febrero-marzo 1950).

Por otra parte, la honda conciencia de su pecado no parece que le hiciera vivir angustiado. En sus escritos testimonia de manera continua una inmensa confianza en Dios, que le hacía vivir *con paz, con alegría y con buen humor*. Al venerable se le percibe apremiado y urgido, pero no agobiado. Escribe en tono y lenguaje familiar:

«Por lo que me toca, métete en el coco que hace muchos años que no me preocupo de nada. Pienso las cosas cuando tengo que hacerlas, y fuera. Para mis cosas y para las ajenas. Para eso está Dios, que no tiene otra cosa que hacer y, si no, pues no habernos inventado» (Carta a su hermana Carmelina: 17-IV-1977)

APÉNDICE:
EXAMEN GENERAL DE CONCIENCIA[5]

0.- Introducción

La finalidad de este examen es participar de las actitudes de Cristo frente a las obras de Satanás y frente a su propia creación.

Verme como llamado a la santidad, amado por Cristo hasta la muerte de cruz y la intimidad eterna. Y contemplar las deformaciones que destruyen o dificultan su operación salvífica en mí.

Odiar el pecado, precisamente porque me amo a mí mismo «en las entrañas de Cristo». Desear confiadamente la elevación personal al nivel de la caridad total, que produce el Espíritu Santo que me anima, y la eliminación de todo rastro de pecado.

Contemplar con iguales actitudes a toda la humanidad semejante a mí.

I.- La virtud de la fe

1.- Debo estimar pecado en esta materia toda negligencia en cultivarla. Todo abandono de *lecturas*

---

[5] Este esquema lo elaboró el venerable José Rivera para el examen de su propia vida, especialmente en los días de retiro personal. Después lo compartió con las personas a las que acompañaba espiritualmente.

espirituales, ratos de reflexión y oración; sacramentos. Actitudes de *repulsa o indiferencia frente a las predicaciones. Omisiones o posturas desviadas en el estudio de la Teología, en el acceso a las fuentes en que me habla Cristo más expresamente:* Sagrada Escritura, Magisterio, Santos Padres y santos en general; liturgia en general...

2.- Los tiempos dedicados a escuchar o leer exposiciones cuyo sentido impugna la fe expresa o implícitamente; las muchas veces en que eludo las conversaciones que yo mismo debería mantener a la luz de la fe, o en que mantengo conversaciones contrarias. Las muchas veces en que omito el ejercicio de la fe, no obrando según ella...

3.- Evidentemente muchas de estas acciones u omisiones constituyen al mismo tiempo pecados en materia de otras virtudes: Religión, caridad, etc.

II.- La virtud de la esperanza

1.- *En cuanto al deseo:*

Las omisiones, el estado de omisión, respecto de la santificación propia y ajena. *Frecuencia, intensidad, continuidad, operatividad* de este deseo. *La debilidad de mi deseo del cielo,* de la *muerte* y de *la resurrección.* La abundancia de *deseos explícitos* e *implícitos de objetivos incompatibles* con la santificación y de objetivos *considerados sin relación ninguna con ella.* Examinar también los deseos que provocan desánimos, frustraciones, cansancios innecesarios; los deseos egoístas, cuyo centro soy yo mismo como "protagonista".

2.- *En cuanto a la confianza*:

Las cesiones al *desánimo*. Los actos de *confianza en los medios naturales y aún pecaminosos*, para los fines propuestos aun buenos.

3.- *En cuanto al temor*:

La omisión de consideraciones y las actitudes y actos consiguientes, por los cuales me dejo llevar del temor al mal de este mundo y omito las operaciones convenientes de *temor del infierno, al purgatorio y al pecado mortal y venial*. Los objetos de mi temor (humillación, quedar mal, no ser apreciado, "fracaso" de los planes propuestos...).

4.- *En cuanto a la paciencia y el "optimismo"*:

Si tengo paciencia conmigo y con los demás. Qué es lo que me suele impacientar (en mí y en los otros). Si me parece que soy naturalmente tendente al pesimismo o al optimismo, y si me dejo llevar indiscriminadamente por ello.

III.- La virtud de la caridad

1.-Aunque cada acto contiene ambos aspectos, puedo considerar primeramente lo que suele llamarse *relación inmediata con las Personas divinas*: repulsas particulares y actitud general de desatención en el *trato* con ellas: *la inhabitación*; desatención casi continua a la presencia de las Personas divinas en mí.

La presencia de Cristo en mí en general; su actuación sacerdotal universal; su deseo de actuar en mí por su Espíritu; La presencia eucarística; la *conformidad con su voluntad.*

La debilidad y descuido de mi *contrición.*

La deficiencia de mis disposiciones en lo que yo mismo llamo encuentros con Cristo: sacramentales, en la oración, estudio, liturgia de las Horas, apostolado...

2.- *La relación con Cristo, con las Personas divinas en el prójimo*:

-Ante todo mis relaciones con la Virgen, como Madre mía, Madre de Cristo: mi oración, mi contemplación, mi deseo de complacerla, mi complacencia en Ella... Mi colaboración para que otros vivan filialmente respecto de Ella...

-Mi relación con los santos del cielo: complacencia. Recurso a su intercesión...

-Relación con las almas del Purgatorio: sufragios... Interés por establecerla rectamente.

--Relación con las *personas que viven en la tierra*:

a) Toda la línea de la visión y la aceptación volitivo-afectiva como personas, radicalmente al menos, identificadas conmigo, en cuanto llamadas a formar un solo Cuerpo místico de Cristo, animados por el *mismo* Espíritu Santo. La estimación personal total de los "demás" como formando parte conmigo del

Cuerpo místico de Cristo o como "otros" es radical y, aunque lo da la fe, pertenece a la caridad. Toda consideración del "otro" como "otro" sin más es una deficiencia en la caridad. Examen de mis actuaciones en este aspecto.

b) Deseo del bien de esas personas: frecuencia, continuidad, intensidad, operatividad de este deseo. En la intercesión, los merecimientos, las aspiraciones, el testimonio... Deseo *ordenado*, jerarquizado de los bienes naturales: saber, cultura, bienestar afectivo, bienestar material: dinero, menudas comodidades...

Sentido de *propiedad* y sentido de *administración* de todos y cada uno de los bienes a mi alcance.

El bien de la *fama* y de la *acogida*: las desviaciones de mis estimaciones y de mi afectividad: el deseo de ser querido yo antes que los demás. El empleo de mi afectividad para satisfacerla queriendo, amando falsamente... Las manipulaciones de los "otros" por vía de imposición, de convicción, de compasión provocada...

Los enfados, los juicios, las murmuraciones, los escándalos: provocaciones directas al mal, defraudación de bienes que les pertenecen. Las omisiones de ofrecimientos de ayuda en cualquier nivel... Las mentiras...

c) *Aplicación de las reglas prácticas básicas*: Amar como a mí mismo; no hacer lo que no quiero que me hagan; tratar como quiero ser tratado. Y ello bien entendido... Y esto en aplicación universal.

Así, la deferencia, el cuidado de no humillar innecesariamente, por egoísmo... de no molestar. Viceversa: de no ahorrar molestias necesarias o convenientes porque soy *compasivo*, erróneamente piadoso...

Interés que pongo en ordenar mis pensamientos, voliciones, sentimientos y actuaciones en el trato.

Aplicación de la norma fundamental: Amar a cada uno como Cristo le ama y desea realizar ese amor en mí, con mi colaboración.

Atención a las frases abundantísimas del Nuevo testamento respecto del amor al prójimo: seriedad con que las recibo. Esperanza en recibir la capacidad de practicarlas.

Atención especial al celo pastoral: al deseo de salvación de todos, los físicamente cercanos y los físicamente lejanos.

Atención a la regla práctica actual: Si me dejo llevar de las relaciones carnales: familia; simpatías... o de las relaciones que va creando el Espíritu Santo, en cuanto a la proximidad respecto de cada persona...

IV.- La virtud de la prudencia

Notar sobre todo mi estima por esta virtud. Concepto acerca de ella y cuidado por desarrollarla[6].

Interés por formar criterios de actuación.

Interés por reflexionar el valor de las actuaciones particulares.

Docilidad al Espíritu Santo y docilidad para admitir los consejos debidos.

Defectos principales:

-Inconsideración: operaciones sin consideración previa.

-Precipitación: actuaciones guiadas por la pasión, el capricho, el impulso...

-Inconstancia: abandono de las decisiones tomadas.

-Negligencia: falta de aplicación de la voluntad a la obra.

---

[6] Valga esto para cada una de las virtudes.

-Pereza: dilación de las obras, dejarlas para más tarde, sin motivo.

-Indolencia: falta de interés durante la obra.

Examen de los influjos indebidos en las decisiones y operaciones: la pasión propia, el ambiente, los afectos a personas o a objetos...

V.- La virtud de la justicia

Estima de la virtud.

Criterios y sentimientos frente a las diversas manifestaciones de la injusticia. Práctica en las realizaciones menudas de mi vida.

La justicia en mi trabajo.

La justicia en sentido amplio, en la virtud de la religión. Lo apuntado en la fe. El respeto en el trato con Dios y los deberes religiosos propios y ajenos.

La obediencia:

Visión de los superiores como re-presentantes de Cristo mismo.

Actitud frente al Papa, la jerarquía en general, el obispo propio, sus colaboradores, superiores del seminario, profesores, los padres...

Amor especial. Sentido positivo de colaboración

bajo su influjo.

Mi actitud intelectual: el juicio acerca de sus actuaciones. La obediencia razonable, sabia, pero ciega.

Exactitud, prontitud, gusto en el cumplimiento de los mandatos.

La colaboración con oración, cruz, informaciones, sugerencias, corrección y actividad.

El respeto-humildad, la sinceridad y la fortaleza en el trato con los superiores.

VI.- La virtud de la fortaleza

Confianza y ánimo frente a las dificultades reales o posibles.

Constancia frente a las dificultades exteriores.

Perseverancia frente a la dificultad de la prolongación de las tareas.

Longanimidad: capacidad de entusiasmo frente a las empresas de objetivo lejano.

Magnanimidad: capacidad para emplear las energías en realizaciones de valor y no despilfarrarlas en empresas menudas inmediatas.

Paciencia: gozo en padecer corporal y psicológicamente, sin abatimiento ni tristeza. Los padecimientos como gracia divina. La impaciencia, la irritación, las murmuraciones, las quejas por las dificultades. La insensibilidad ante los sufrimientos "ajenos".

VII.- La virtud de la templanza

Capacidad de actuar razonablemente, según los criterios espirituales, frente a los gustos y comodidades corporales.

Cesiones en cuanto a la cantidad, calidad, momentos...

La mansedumbre

Capacidad de emplear las energías de la ira para realizar las tareas debidas.

Irritaciones frente a los obstáculos exteriores e interiores.

Excesiva blandura frente a ellos. Cesiones a la *compasión*. Incapacidad de negarse a las pretensiones ajenas fuera del plan divino.

Mi criterio sobre la gravedad de todo ello.

La modestia

Capacidad de moderar mis juicios, sentimientos y, sobre todo, manifestaciones exteriores: palabras, miradas, risas, posturas, modos temperamentales...

Importancia: obstáculos a la cristofanía que tengo que ser. El exceso de informalidad.

La humildad

Criterio sobre la humildad. Importancia que le doy.

Mis autoafirmaciones frente a Dios: recurso a mis propias energías. Enfados por mis deficiencias.

Conciencia de que *no soy nada por mí mismo*: que soy creado en cada momento.

Conciencia de que *soy pecador*: objeto de la misericordia continua de Dios.

Mis cualidades naturales y virtudes cristianas son dones continuos. Aunque, como tales, limitados.

Si me tengo en poco (en este conocimiento) y lo siento así.

Si deseo ser tenido en poco por los demás:

-Repugnancia por las alabanzas (falsas generalmente porque suelen atribuirme a mí lo que es don divino).

-Gusto por el ocultamiento: que no hagan caso.

-Gusto por la humillación: conciencia de que no me rebajan. Carencia de sensación de rebajamiento.

-Gozo porque la humillación es instrumento de santificación para mí y para la Iglesia.

Las humillaciones son un medio *normal*, puesto que Cristo vivió en humillación permanente y progresiva.

103

III
LA RENOVACIÓN DE LA IGLESIA

«[...] Procurarán con diligencia, a la manera de un médico precavido, conocer todas las enfermedades que afligen a la Iglesia y que piden remedio, para poder aplicar a cada una de ellas el remedio adecuado.

[...] Habría que fijar la atención primeramente en todos aquellos que están puestos al frente de los demás, para que así la reforma comenzara por el punto desde donde debe extenderse a las otras partes del cuerpo.

[...] A primera vista, parecerá muy difícil, pero, si se compara con la trascendencia de la cuestión, parecerá muy fácil, ya que grandes males exigen grandes remedios»

(De las cartas de san Juan Leonardi, presbítero, al Papa Pablo V, en *Liturgia de las Horas, t. IV, pag. 1273*)

Los males de la Iglesia:

causas y remedios

A mi juicio, uno de los rasgos más sobresalientes del venerable José Rivera fue su carácter profético. Sí, en verdad fue un profeta. Profeta en el sentido bíblico: con visión y con clarividencia para interpretar los signos de los tiempos, con energía para denunciar los males de la Iglesia y sus causas y consecuencias, con lucidez para apuntar los remedios yendo a la raíz de los problemas, con capacidad para suscitar esperanza y entusiasmo por la renovación de la Iglesia.

No era en absoluto un hombre conformista. Tampoco era un inconformista desasosegado. Su vida y su predicación testimoniaban el Evangelio siempre nuevo. Incluso las cosas «de siempre» sabían a nuevo cuando salían de sus labios. Nada de rutinario en sus palabras. No en vano solía señalar la novedad —junto a la radicalidad y la totalidad— como una característica esencial de la vida cristiana: frente al Antiguo Testamento, frente a los modos usuales del hombre viejo…

En muchos aspectos su enseñanza resultaba profética y novedosa. Pero hay uno que me resulta particularmente iluminador para los tiempos que nos toca vivir y que a mi modo de ver no ha sido suficientemente destacado hasta ahora. Al venerable Rivera no sólo le importaba la santificación de cada persona, sino que ardía y se consumía por la renovación de la Iglesia como tal, y en especial de la Iglesia particular en que había sido llamado a la fe y al sacerdocio: su querida diócesis de Toledo.

1.- Conciencia de una misión

Sobre todo en los últimos años de su vida hizo de la Iglesia objeto de su reflexión, de su oración y de su predicación. Las páginas de su diario lo testimonian. Le dolía el progresivo desmoronamiento de la Iglesia en Europa y en España. Y le quemaba la ceguera de los pastores para diagnosticar las causas de este deterioro y su inercia para poner los remedios idóneos.

Consideró misión esencial suya apuntar las causas de este deterioro y contribuir a colocar los fundamentos que habían sido desplazados y que debían constituir el remedio radical a unos males tan profundos. Como Francisco de Asís, sentía en su corazón la llamada apremiante: «Reedifica mi Iglesia». Escribe un año antes de su muerte:

«Ignoro mi futuro en la tierra. Si largo, si breve; si con salud o con enfermedad… Lo que parece cierto es que como "hipótesis de trabajo" he de consagrar más y más horas a disponerme para pronunciar o escribir aspectos de la verdad mezquinamente expuestos, y exponerlos genuinamente, expresivamente…» (Diario, 12-II-1990)

Era un reformador en el sentido más genuino de la expresión. La renovación de la Iglesia era su gran pasión. Y ciertamente su rica experiencia, su honda conceptualización y su fácil expresividad apuntaban los caminos de esta renovación.

En todo caso, la conciencia de esta misión no es sólo de los últimos años de su vida. Escribe en 1975:

«Desde luego, lo que veo claro es que hace falta cambiar bastantes actitudes interiores, con ellas no pocas formas exteriores de las instituciones de la Iglesia… Y espero que algo se avance en ello. Y no creo que tenga otra misión sino hacerlo por mi parte personal y disponer a algunas personas de las que deben llevarlo a cabo» (Carta, 20-I-1975)

Más aún, esta conciencia se remonta a su época de seminarista, como testimonia una carta de 1950 que citaremos más abajo y otro texto en que él mismo habla de causas de estos males de la Iglesia que «llevo denunciando desde mis tiempos de seminarista» (Reflexiones personales, 1).

La conciencia de esta misión se intensificó notablemente durante los últimos años de su existencia terrena. Esta conciencia le hace sentirse urgido a la conversión personal y a la fidelidad total a la acción de Dios. Le lleva a plantearse la necesidad de exponer a su obispo —máximo responsable de la pastoral de la diócesis— lo que con tanta nitidez y urgencia percibe. En el contexto del Sínodo diocesano de Toledo, anota:

> «Acucia la faena de cosechar. También las cosechas pueden perderse... Escribir a D. Marcelo, preferentemente en día de retiro, según los pensamientos que me saturan; con los ofrecimientos que me ocurren...» (Diario, 11-VI-1988)

Consta que en diversas ocasiones se dirigió a su prelado para exponerle aspectos varios que consideraba importantes para la renovación de la diócesis. Se conserva un escrito de cinco folios con el título de *Reflexiones personales* que envió al entonces arzobispo de Toledo, cardenal González Martín, con indicaciones —algunas muy concretas— acerca de los males de la diócesis, sus causas y remedios. Me atrevo a situar este texto a la altura de otros escritos de reforma que grandes santos —piénsese por ejemplo en los *Memoriales al Concilio de Trento* de san Juan de Ávila— han dirigido a Papas y obispos, a Concilios y Sínodos.

He aquí el espíritu que le animaba:

«Acudo con frecuencia a la historia de los fundadores, para animar a las personas… Pero no trato de imitarlos lo bastante. No es que deba yo "fundar" la diócesis, que tiene su natural fundamento, establecido inmediatamente por Cristo, en el Obispo; pero sí he de colaborar con él, con el tono de los fundadores» (Diario, 13-VI-1989)

En alguna ocasión llegó a comentar que tal vez había dispersado excesivamente sus energías (por ejemplo, predicando Ejercicios Espirituales por toda España) y que hubiera sido preferible concentrarlas en la renovación de una Iglesia particular. De hecho, la etapa última de su vida dedicó preferentemente su atención y su tiempo a la renovación de la diócesis de Toledo; en dependencia y colaboración con su obispo, se volcó en la atención a sacerdotes, seminaristas y laicos, así como en promover la caridad hacia los pobres y necesitados.

Y esta conciencia de su misión renovadora le llevó a concebir el proyecto de plasmar su visión en unos escritos breves e incisivos —al estilo de los famosos "tracts" de Newman y la escuela de Oxford— que sirvieran para despertar la conciencia adormecida de los católicos y apuntar los caminos de la renovación de la Iglesia:

«Desde luego, sigue hiriéndome, doliéndome, y mucho, la aceptación de la mediocridad. Frente al deseo, al proyecto nunca determinado, de escribir a D. Marcelo, va creciendo este otro, de realización más lejana en el tiempo, pero mucho más importante y posiblemente influyente en ciertos sectores de la sociedad católica, de escribir una obrita —breve ciertamente— sobre la condición y la situación de la Iglesia en España. Porque se van acumulando y se van ordenando, ellos solos, ideas, sentimientos, ansias, experiencias que se entrecruzan, se empalman, se potencian... Al menos acrecen y fortifican mi personalidad, con el consiguiente fruto eclesial. Pero además, pueden tener la expresión señalada... Claro que voy predicando imparable-mente acerca de todo ello» (Diario, 11-VI-1989)

Este proyecto no llegó a realizarse. La muerte se le adelantó. Estas páginas —apoyándose en textos escritos y en la predicación oral del siervo de Dios— pretenden modestamente plasmar algo de ese proyecto...

2.- Motivaciones de una denuncia

José Rivera denunciaba. Y con gran energía. Con voz de trueno. Como los profetas de Israel. Su palabra molestaba a algunos, removía las conciencias de los más. Porque él mismo era un profeta «como fuego», y su palabra «abrasaba como antorcha» (cfr. Sir 48,1).

No era un contestatario superficial. Su denuncia tenía raíces muy hondas. Denunciaba porque sin denuncia no puede haber conversión, ni rectificación, ni renovación de la Iglesia. Del mismo modo que un médico, para poder curar, primero debe diagnosticar el mal y sus causas.

Su denuncia brotaba de su *clarividencia*. Veía más allá de la gran mayoría de las gentes. A ello contribuían su vastísima y profunda formación, sus numerosas lecturas en todos los campos, su rica experiencia de trato con las personas sobre todo en la dirección espiritual, su poderosa inteligencia capaz de asimilar todo en un proceso constante de reflexión, y los dones del Espíritu Santo que le ilustraban intensamente con luces sobrenaturales. Él mismo reconoce esta lucidez como un don particular de Dios:

«Pese a todas las infidelidades de mi vida, lo que ciertamente avanza sin cesar es la visión sobrenatural. Sí, cada uno tiene su propio don, y sin duda el mío es este de ver. Apenas me dejo influir un poco por Él, mi facilidad, mi anchura y profundidad y longitud en las visiones adelanta» (Diario, 30-III-1972)

Esta clarividencia se hizo particularmente lúcida en los últimos años de su existencia terrena. Desde la atalaya de la santidad y de la larga historia vivida devoró decenas de libros sobre la Iglesia en busca de luz para su renovación; no sólo libros de teología, sino también de historia de la Iglesia, biografías de santos y de eclesiásticos no santos...

Brotaba, asimismo, de un inmenso *amor a la Iglesia.* Su denuncia no tenía nada de frívolo o superficial. Amaba apasionadamente a la Iglesia, y por eso le dolían profundamente sus males. Sufría la ceguera de muchos eclesiásticos que, al hacer las cosas al contrario del Evangelio, destruyen la Iglesia, la hacen opaca e impiden que sea luz para los alejados o no creyentes.

Porque amaba a la Iglesia, obedecía a sus pastores (por ejemplo, leía y meditaba todos los escritos, discursos y homilías del Papa). Porque amaba a la Iglesia, era comprensivo con las debilidades de sus miembros. Y porque amaba a la Iglesia, procuraba reformarse a sí mismo antes que a los demás. En los años de la crisis postconciliar escribe:

> «Todos nos quejamos de los males de la Iglesia, y nadie nos dejamos sanar esos males en nosotros. Y es el sólo remedio para el crecimiento de la Iglesia misma» (Carta, 23-III-1973)

Y al fin de su vida, en los tiempos en que su predicación era más contundente, reflexiona en su Diario:

> «La crítica de la Iglesia viene a estar prudentemente justificada cuando se acompaña de serio examen de conciencia individual; de tendencia seria y operante a obedecer puntualmente en cualquier caso —y generalmente sin grandes problemas inmediatos—; de caridad comprensiva y operante respecto de los miembros de la Iglesia sacerdotal de Cristo Sacerdote» (Diario, 19-XII-1989)

Existía, además, en él una enorme *esperanza*. Esperanza que es —tal como él mismo la definía— «deseo confiado». Deseo violento, anhelo incontenible, ansia insaciable de ver hecha realidad esa renovación de la Iglesia. Y confianza total, absoluta, porque se apoyaba en la fidelidad de Dios a sus promesas y en su amor omnipotente.

Escribe siendo todavía seminarista:

«Todo subirá, todo se arreglará radicalmente aunque nosotros tengamos que sufrir mucho... Yo no sé lo que me tocará hacer, quizás desear, orar y morir, pero da lo mismo; lo que yo quiero es creer, creer en que Dios va a santificar el sacerdocio, va a renovar la Iglesia; "todo es posible al que cree", todo, sin límite alguno» (Carta, febrero o marzo 1950)

Esta esperanza no es *a pesar de* la Iglesia, sino apoyada en la vitalidad inherente a la Iglesia misma, que tiene como alma y motor el Espíritu Santo:

«Debo notar, cuando hablo del "derrumbamiento" de la Iglesia, la realidad de su maternidad, manifestada en que para restaurarla, para colaborar a su transformación, no acudimos a elementos extrínsecos, foráneos; sino que recurrimos a ella misma. Es de su seno de donde recibimos la abundancia de vida que la reedifica. La reevangelización proclamada por el Papa no ha de realizarse por adición de actividades extraeclesiales, sino por el robustecimiento de la sustancia misma de la Iglesia, con su dinamismo intrínseco de crecimiento y fortalecimiento. Se trata en suma que con el vigor que Ella nos presta eliminemos las resistencias extrañas que hay en nosotros» (Diario, 9-I-1990)

Esta clarividencia, este amor a la Iglesia y esta esperanza se traducían en el siervo de Dios en «apremio» incontenible:

«…conciencia de apremio. No se puede perder el tiempo. Los desmoronamientos de las personas y de la Iglesia en totalidad se producen ya, minuto por minuto… Por ello los esfuerzos de reedificación han de ejecutarse ya, sin perder minuto» (Diario, 17-II-1988)

No estamos ante un teórico que diserte en tono vago y abstracto sobre los males de la Iglesia. Él se siente radicalmente urgido y comprometido, y ello hasta el punto de que quiere urgir a los demás:

«El mundo está **muy mal** y la situación de la Iglesia es muy grave. Ella no puede fallar del todo, pero muchos cristianos pueden fallar totalmente a ella, y desde luego ser muy gravemente heridos… Y somos nosotros, los cristianos mismos, los que estamos expuestos a ser heridos, los mismos que estamos llamados a superar esa situación de la Comunidad universal de la Iglesia. Déjese penetrar de esa responsabilidad, pero con la conciencia cada vez más intensa de que por eso mismo puede contar con gracias inimaginables en todos los aspectos» (Carta, 4-VI-1973)

«...voy a que el asunto es urgente; a que la gente está sufriendo horrendamente, a que se dañan unos a otros, aun sin mala voluntad positiva, a que, digan lo que digan muchos hoy, hay multitudes que se encaminan alegremente, inconscientemente al infierno.

Pero urge, urge. Porque el amor de Dios se pierde sobre nosotros, y porque los hombres se pierden a millares sin Dios. Y cada persona que es santa, recoge ese amor divino y lo proyecta —con Cristo— sobre multitudes de una manera eficaz, salvífica» (Carta, 18-XI-1974)

De este apremio y urgencia son testigos todos los que han escuchado su predicación. Pero al urgir a los demás, al anunciar y denunciar, al proponer soluciones, él mismo es el primero en sentirse urgido: a la fidelidad, a la entrega, a la santidad:

«Especialmente esos 18 años de sacerdocio, ¡qué inconmensurable responsabilidad apostólica, Dios Santo! ¿Qué hubiera sucedido si yo hubiese sido fiel? Pues es cierto que mis diminutas fidelidades han sido siempre seguidas de realizaciones apostólicas, incluso visibles» (Diario, 30-III-1972)

3.- Gravedad de la situación

En el texto inédito antes mencionado titulado *Reflexiones personales*, escribe el venerable:

«LA IGLESIA DIOCESANA, como la Iglesia española, como probablemente la Iglesia en Europa, se nos derrumba.

Después de asistir durante muchos años, por presencia personal, por abundantes lecturas, "al lento suicidio de un pueblo", en este caso el Pueblo de Dios, asisto ahora al derrumbamiento vertiginoso de la Casa de Dios.

No hay más que consultar estadísticas. El ritmo es uniformemente acelerado. Dentro de treinta o cuarenta años de la Iglesia Toledana no quedará sino el esqueleto. Y nada, desde luego, de lo que se intenta mantener como posesión con actitud casi meramente defensiva.

Los fundamentos van siendo derribados. Ni el Papa ni el Episcopado tienen crédito como Papa y como Episcopado. La Eucaristía se recibe con muchísima frecuencia, objetivamente en comuniones sacrílegas, con aprobación y bendición de un clero que no acepta las normas del magisterio. También en nuestra Diócesis aunque no con tanta amplitud como en otros lugares... El Bautismo no significa nada. No se cree en la llamada a la santidad. La caridad se vive en caricatura, contra las expresas llamadas e invitaciones de la palabra divina, casi nunca escuchada, obedecida. Los pobres son continuamente degradados, escarnecidos. No se puede hacer una advertencia a una persona acomodada; pero los pobres han de sufrir desplantes, advertencias, dilaciones en la solución de sus necesidades, ¡aún ficticias, si así lo quieren los acomodados!...

No se puede hablar del infierno, ni de la vida eterna, ni de los ángeles, ni del demonio...

Este es el panorama real, que se intenta paliar con reuniones ocasionales o sistemáticas, en que unas cuantas personas acomodadas —social, económica y religiosamente— reciben palabras halagadoras fuera de esos temas conflictivos.

El incremento continuo de abortos, uso de anticonceptivos —aprobados eclesiásticamente— divorcios, uniones sin sacramento, fornicaciones hetero y aun homosexuales, omisiones del bautismo, de las prácticas religiosas, adicciones a la droga… moda y espectáculos innegablemente inmorales, que los mismos presbíteros contemplan impávidos. Y menos mal si lo reprueban.

Me siento responsable de todas estas cosas. Si hace años la Iglesia Toledana se hubiera manifestado realmente madre, militante, no sucedería todo esto».

Quizá alguno podría calificar estas palabras de exageradas, como de hecho se calificaba a veces su predicación. Sin embargo, el paso del tiempo las va mostrando como verdaderas, es decir, proféticas.

No son palabras que brotasen de un hombre amargado: cualquiera que haya conocido a José Rivera sabe por experiencia de su excelente e inalterable buen humor. Tampoco son palabras de un profeta de mal agüero, decepcionado de todos y crítico con todo: de hecho, en su trato rezumaba y contagiaba esperanza.

Son, más bien, palabras que brotaban del amor y del dolor. Amaba vivir en la verdad; por eso no cerraba los ojos ante las deficiencias propias y ajenas. No se tranquilizaba —ni a sí mismo ni a los demás— con falsas palabras; no era un falso profeta que intentase consolar vanas seguridades (cfr. Is 30,1-5; Jer 7,3-11).

Muchas veces repetía que el hombre es capaz de lo mejor y de lo peor; de la condenación, pero también de la santidad. Desde su lucidez profética percibía con nitidez y certeza las consecuencias a las que conducirían inevitablemente determinados planteamientos.

Veía con clarividencia las causas de los males de la Iglesia. Sabía que esta es luz del mundo y sal de la tierra (Mt 5,13-16) y que si deja de serlo es únicamente por las infidelidades de sus miembros. Jamás se le ocurría culpar de estas deficiencias a elementos extraños a ella ("el ambiente, las circunstancias, los tiempos que vivimos…"), pues como luz y sal es ella la que ha recibido la misión de sanar y transformar el mundo que la rodea.

Por eso, no le asustaba que el mundo estuviera mal, pues la Escritura afirma que «el mundo yace en el poder del Maligno» (1Jn 5,19). Lo que le dolía es que la Iglesia como tal —diócesis, parroquias— no fuera lo que debía ser.

De ahí brotaba su grito incontenible y vigoroso. Para despertar las conciencias. Para hacer reaccionar. Para provocar conversión. Para suscitar planteamientos evangélicos. Para renovar la Iglesia como Iglesia —y no sólo los individuos o pequeños grupos—.

La clave estaba en su percepción de la gravedad y de la extensión del mal. Y también en su captación de la grandeza de la misión otorgada a la Iglesia. Si denunciaba era porque amaba a la Iglesia y le dolía su infecundidad por los pecados de sus hijos. Si denunciaba era porque amaba a los hombres y le dolía que permanecieran en las tinieblas y en el sufrimiento por el hecho de que quienes habían de iluminar no lo hacían. Si denunciaba era porque creía en la Iglesia y esperaba mucho de la acción de Dios en ella y a través de ella.

Por eso zarandeaba las conciencias con su palabra de fuego, tanto en las predicaciones públicas como en las conversaciones particulares. Y por eso en repetidas ocasiones se dirigió, de palabra y por escrito —como en el texto mencionado—, al que tenía la responsabilidad máxima en la Iglesia toledana a la que pertenecía...

4.- «El error máximo»

No pretendo hacer una exposición exhaustiva de toda la enseñanza de Rivera sobre el tema, pero sí presentar algunas de sus indicaciones fundamentales: los principales males, sus causas y sus remedios. Me serviré tanto del escrito «Reflexiones personales» y de otros textos del Diario y las Cartas, como de recuerdos personales de lo escuchado al venerable José Rivera en predicaciones y en conversaciones particulares.

¿Cuál es entonces el «error máximo», el fallo radical que está en la base de todos los males? Démosle la palabra una vez más al venerable:

> «Pienso haberlo escrito ya: en este caos hodierno, sólo el Espíritu puede ordenarlo todo. Y el Espíritu obra por la colaboración de los "espirituales".
>
> Nada nuevo tampoco: el error máximo en la Iglesia es la sustitución del Espíritu por las energías naturales. Creo que muchas personas — teólogos incluso, hombres de rezos y apostolado, inmediatamente bien intencionados— no han caído en la cuenta de que la naturaleza como tal no puede nada (la carne para nada aprovecha), porque no existe como principio de operaciones» (Diario, 7-III-1988)
>
> «El mal está en que el principio de las operaciones de cada uno, tomadas particularmente, y no sólo en el planteamiento, no es el Espíritu, sino el temperamento personal humano...» (Diario, 31-V-1984)

«Nada nuevo», porque es el error de siempre: el pelagianismo, el naturalismo, el voluntarismo. Si se prescinde de la energía infinita del Espíritu que la constituye, la Iglesia se desnaturaliza. Si se deja de lado este poderoso vigor divino sólo quedan las energías naturales... radicalmente debilitadas por el pecado. La Iglesia se rebaja entonces a una institución humana más; se "desalienta", pues deja de contar con el Aliento divino infinitamente poderoso.

La consecuencia inmediata de esta «sustitución del Espíritu por las energías naturales» es la mediocridad. No sólo la mediocridad de hecho, sino la incrustada en los mismos planteamientos —y en las instituciones—, que se hacen mediocres al contar sólo con las fuerzas humanas, con lo que se considera que el hombre puede dar de sí con su buena voluntad.

> «Creo que entiendo mejor que nunca [...] que el peligro mayor del hombre es la mediocridad, es la sustitución de la acción del Espíritu Santo por las operaciones naturales, materialmente coinciden-tes con las divinas. Así el hombre no puede sentirse pecador. Y notar que el riesgo es más grave cuando la coincidencia se produce en planos o zonas más valiosas (v. gr. tiempo de oración, ejercicio de ayuda a los hombres)» (Diario, 8-I-1977)

Esta mediocridad encuentra su más funesta expresión en la negación práctica de la llamada a la santidad. Pues, vista desde las solas fuerzas naturales, la santidad evangélica resulta una exageración absurda e imposible. Y entonces se presenta como ideal de vida cristiana un planteamiento inocuo y burgués que nada tiene que ver con la radicalidad evangélica. Ahora bien, una vez más esta negación de la santidad desnaturaliza y vacía el ser de la Iglesia, que es santa y tiene por misión santificar a cada uno de sus miembros.

Entre las causas principales del debilitamiento de la Iglesia, Rivera anota:

«La admisión de mediocridad en el Presbiterio [...] No se espera ni de lejos que el Presbiterio se funde en la aspiración seria a la santidad. Las actividades presbiterales se apoyan en punto de honra –lo que helaba la sangre a Santa Teresa cuando pensaba que pudiera suceder en sus conventos–; en la modesta acomodación económica, en la seguridad terrena... Pensar evangelizar así es pura quimera» (Reflexiones personales, II)

También se refiere a los sacerdotes cuando escribe acerca de «las condiciones del éxito» y «los peligros del fracaso» del Sínodo diocesano de Toledo:

«...impotencia real, si no alcanzan una estatura espiritual deseada. Que se patentice la calidad fontal de la mediocridad del cura en el dinamismo del desplomamiento de la Iglesia» (Diario, 15-I-1990)

Esta sustitución del Espíritu Santo lleva también a apoyarse en los medios naturales —comunes a cualquier institución o empresa humana—, en vez de apoyarse explícita e inmediatamente en los sobrenaturales: oración, cruz, testimonio... Escribe, por ejemplo, en unas reflexiones acerca de *La cuaresma y la cruz*:

«En nuestra vida cristiana privada y apostólica, en la medida en que pueda aceptarse tal división, estamos intentando el juego imposible de cristianizar prescindiendo de la cruz de Cristo» (La cuaresma, 61)

Todo ello tiene su expresión en la predicación y en los planes pastorales. Entre las causas de los males actuales, Rivera apunta:

«Atención predominante a los valores no evangélicos: Capacidad intelectual, cultura y educación —se entiende burguesas— [...] Y lo mismo se han predicado más las virtudes consecuentes: castidad, mansedumbre, acaso justicia. Cristo, la intimidad con las Personas divinas, la caridad real hasta la muerte poniéndose en el lugar del indigente, como Él lo hizo, eso ha quedado expresamente excluido de la predicación y el testimonio» (Reflexiones personales, II)

Frente a todo esto, el venerable Rivera ha predicado y vivido siempre lo que san Juan Pablo II llama la «primacía de la gracia», que es lo mismo que la «primacía de Cristo», «de la vida interior y de la santidad» (NMI,38). Y ha presentado a todos la «llamada universal a la santidad» —este era el tema más recurrente en sus predicaciones— en la línea del Concilio Vaticano II (LG, V), hasta el punto de realizar una auténtica «pastoral de la santidad» (Sínodo extraordinario de los obispos de 1985, II A, 4 y 5; NMI, 30).

Además de "exagerado", otra de las acusaciones que más se lanzaron contra José Rivera —sobre todo en los difíciles años del postconcilio— fue la de "espiritualista". Sin embargo, él estaba hondamente convencido de que no predicaba *sus* doctrinas, sino la fe de la Iglesia y la enseñanza unánime de los santos apoyada en la experiencia.

Con ocasión del desconcierto que predominaba en muchos ambientes en los años del postconcilio, escribe a su hermana Carmelina:

«Como puedes ver en esos ambientes que ahora frecuentas, entre tirios y troyanos, quiero decir entre progresistas y conservadores, no hay cristiano apenas que crea en la Iglesia ni en la Trinidad, ni que ame al prójimo, que sólo es prójimo por su relación con las Personas Divinas, realizada en la Iglesia, de una u otra manera. Yo, que tanto casco, estoy cada día más convencido de que en los tiempos especialmente difíciles hay que volver casi exclusivamente a lo esencial, y lo esencial interiormente es la fe, la esperanza y la caridad, y en cuanto a realizaciones concretas la oración y la cruz. Y todo lo demás viene a ser nada o poco más de nada, o puro daño como creo que están siendo una buena parte de las cosas que se hacen hoy en el "apostolado" por una parte y por otra» (Carta, 8-III-1972)

«Volver a lo esencial», recuperar las raíces que vivifican el ser de la Iglesia y la existencia de cada cristiano: he ahí la propuesta del Venerable, en la que trabajó e insistió con su predicación a lo largo de toda su vida. No, no se trata de espiritualismo, sino de creer realmente en el Espíritu Santo como «Señor y Dador de vida» —así le confesamos en el Credo— y de vivir de Él como fuente única de la vitalidad de la Iglesia.

Al escribir acerca de «las condiciones del éxito» del Sínodo diocesano —y por contraste de «los peligros del fracaso»— indica como la primera de todas:

> «Que lo inicien con vigor. Con aliento —¡el Espíritu Santo!—; fundamentados explícitamente en la oración y el ayuno: el sacrificio. Pues sólo con actitud de oración estamos abiertos al Espíritu, y con sacrificio estamos siendo elevados por Él» (Diario, 15-I-1990)

Las cosas fundamentales —los fundamentos de todo— tendemos a darlas por supuestas. Sin embargo, sin fundamentos es imposible construir; y si se construye, el edificio es endeble e inconsistente. Si no hay raíces, el árbol no puede crecer ni dar fruto. Por eso insiste: «que se fundamente **explícitamente**». Así lo predicó porque así lo vivió y así lo tenía hondamente experimentado:

> «La fidelidad a los ratos prolongados de oración me parece la base de todo» (Diario, 13-VI-1971)

> «Sin duda, lo capital es la perseverancia regular en la oración» (Diario, 7-XII-1983)

> «Únicamente soy inflexible en dedicar a la oración el espacio que va del despertar hasta la hora del levantarse ellos; la mayor parte de los días 3 horas

por lo menos, a veces más. Y de cuando en cuando cojo la noche entera» (Carta, 23-II-1973)

Los textos se podrían multiplicar, también en lo referente al sacrificio, al testimonio, a la actitud de conversión. Sólo con semejantes fundamentos se puede aspirar a la santidad. Y sólo desde la santidad se puede construir la Iglesia. He aquí la segunda «condición del éxito» del Sínodo:

> Que ese vigor espiritual «se manifieste en las propuestas: no la multiplicación de organismos, sino el conocimiento de la realidad: sólo puede crecer la Iglesia por la actividad eclesial (jerárquica…) de los santos» (Diario, 15-I-1990)

> «La acción de un santo es capaz de suscitar torrentes de vida, puesto que deja libre la actuación de la vida misma» (Diario, 2-XI-1972)

> «Un santo es fuente de crecimiento incalculable; pero en un santo de esta época de la Iglesia debe ser una especie de ciclón, o mejor, una permisión necesaria en su plan, para que el Espíritu sople en huracán sobre la tierra…» (Diario, 29-XII-1989)

Solo la santidad edifica. Por eso los sacerdotes deben ir a la cabeza de la comunidad eclesial en esa búsqueda de la santidad. Propone al obispo:

«Que la vida del Presbiterio como tal, ha de consistir en fervorosa aspiración a la santidad manifestada en realizaciones prácticas: distribución de tareas, ejercicios, retiros… Pienso que podría constituirse varios arciprestazgos modelos, testimoniales, sin que los sacerdotes pertenezcan a ningún grupo, pero teniendo la misma aspiración a la caridad pastoral perfecta» (Reflexiones personales, IV)

La búsqueda real de la santidad es el antídoto contra la mediocridad —«el peligro mayor»—. Y la apertura consciente e incondicional al Espíritu es la manera de evitar «el error máximo» de apoyarse en las simples energías naturales. Todo esto, que tendemos a dar por supuesto y que sin embargo constituye el fundamento —único real— de la vida y el crecimiento de la Iglesia, ha de ser tenido en cuenta en los planes pastorales y en la predicación:

«Que se predique con mucha ambición lo esencial: la oración como tarea pastoral, llegando a la intimidad con las Personas Divinas; la obediencia creativa; la humildad y el gusto por las humillaciones, por la estima de su sentido de cruz, la pobreza real…» (Reflexiones personales, IV)

Si la cruz es saludada por la Iglesia como «esperanza única», ello ha de reflejarse coherentemente en todos sus planteamientos y realizaciones...

> «La cruz, por menuda que sea, y aun no siendo específicamente cristiana, contiene valores desmesurados respecto de nuestros medios pastorales, si la sabemos asumir» (Diario, 2-XII-1974)

> «Toda cruz produce necesariamente comunicación del Espíritu Santo» (Diario, 4-IV-1972)

Junto a la aspiración a la santidad, junto a la oración y el sacrificio, el venerable Rivera subraya como esencial e insustituible la conversión interior, la purificación de todo apego y desorden personal que inevitablemente dañan a la Iglesia:

> «Todo apego, toda mezcla, es algo mortal, muerte sin más. Consiguientemente: algo que infecta. Por tanto, quien trabaja, incluso con buena voluntad deliberada, pero influido por sus apegos, a la vez que expande algo vital, infunde vida —colabora con Dios para que la infunda, como necesario camarada de labor— infecta el ambiente en que se mueve. He ahí la razón de los males de la Iglesia. Son muy pocos los que conocen sus heridas, sus purulentas llagas interiores, y se lanzan con ellas a

los menesteres apostólicos, y multiplican las reuniones, las charlas, las publicaciones, y van dejando infectados los contornos en los que se mueven. Esos mismos terrenos que quisieran mejorar.

No habría que dedicarse a quehaceres de cierta importancia, sino cuando es ya muy puro. Creo que en las tendencias actuales se olvida totalmente esto... Y lo que se está haciendo, con buena voluntad deliberada —pero ello no impide el daño— es multiplicar los contagios... El enfermo debe vivir apartado, hasta que pase la época contagiosa de la enfermedad...» (Diario, 24-III-1973)

Y para finalizar, dos textos más que testimonian su empeño constante de apertura y docilidad a la acción del Espíritu, su disponibilidad al sacrificio, su anhelo de conversión. Lo que proponía a los demás procuraba realizarlo antes que nada sí mismo.

«Cada acto de docilidad a lo que estimo inspiración del Espíritu Santo, me abre a nuevas inspiraciones. El avance urge, ¡Dios mío! En cualquier hora que yo acepte y ofrezca un sacrificio, hay miles de personas indigentes de gracias eficaces, para las cuales Cristo me ha hecho sacerdote suyo. Y no es el valor de mis acciones; sino el de las suyas —infinito— que realiza conmigo y en mí» (Diario, 5-IX-1984)

«Jamás se trata de cumplir menesteres, sino de dejarme llevar por el Espíritu. Por eso no debo estar alerta para disponer faenas, sino para no interrumpir su acción, para dejarme llevar, zarandear por el soplo divino» (Diario,14-III-1990)

5.- El sacramento universal de salvación

Uno de los rasgos que más resaltan en José Rivera es su admirable coherencia en el pensamiento y en la acción. De las verdades dogmáticas extrae hasta sus últimas consecuencias, y procura vivirlas y plantear todo según ellas. Lo hemos visto en el punto anterior y lo vamos a ver también en este. Ha tomado totalmente en serio la eclesiología del Concilio Vaticano II.

Entre las causas principales del desmoronamiento de la Iglesia, señala:

«Olvido de que el testimonio tiene que darlo la Iglesia.

No se trata de que algunos curas o seglares sean santos, sino de que la Iglesia Diocesana sea luz. Ni santidad individual, ni grupos constituidos, ni movimientos apostólicos, ni órdenes religiosas, congregaciones o institutos, convierten la sociedad, hacen avanzar a la Iglesia, si son manifestaciones particulares, aun dentro de la Iglesia.

Es la Iglesia como tal:

-El obispo que reza y predica,
-el pueblo de bautizados que escucha, medita y participa en la Eucaristía,
-todos que carecen de codicia. No hay pobres entre nosotros porque nadie estima propio lo suyo.
La referencia viene de los Hechos de los Apóstoles» (Reflexiones personales, II)

He aquí uno de los puntos más insistentes —y en cierto modo novedosos— de su predicación en los últimos años: «es la Iglesia como tal» la que ha de renovarse; la Iglesia en su realidad universal y en cada una de las Iglesias particulares: las diócesis; y la diócesis tal como es: el obispo con su presbiterio y los seglares, el pueblo de Dios. Es *la Iglesia como tal* la que está llamada a ser luz del mundo (cfr. Mt 5,14), la que está llamada a vivir y a reflejar la santidad del Dios vivo, la que ha recibido la misión de dar testimonio de Cristo Resucitado, la que ha sido enviada a evangelizar el mundo.

No es suficiente que haya "algunos" santos, "algunos" que amen y atiendan a los pobres, "algunos" que estén dispuestos a dejarse matar por Cristo...

«Es mentira decir que "la Iglesia" se preocupa de los pobres, aunque sea verdad que algunos miembros de la Iglesia, y por la fuerza que reciben en la Iglesia misma, de la Iglesia misma, se hayan preocupado hasta la muerte. Pues la palabra Iglesia significa otra cosa para el creyente. Para el testimonio frente al incrédulo de "buena voluntad", no es suficiente la presencia de unos cuantos santos, sino que es necesaria la presencia "masiva" de "los católicos". [...] Tiene que ser la Iglesia, como sociedad visible, quien brinde el testimonio, que es, por naturaleza, visible. Y esto no sucede hace siglos. No se manifiesta que la Iglesia, en su totalidad, supere a cualquier otra sociedad. Naturalmente, hablo de la valoración por parte del "pagano" de buena voluntad; no de la mía, que, a lo más, puedo recibir confirmación de algo que ya sé; estímulo para la santificación, o invitación a la conversión radical» (Diario, 9-VI-1989)

La verdadera apologética, el auténtico signo de credibilidad de la Iglesia es la vida del conjunto de los católicos transformada por el evangelio. Es en ellos donde la Iglesia se muestra realmente madre.

«Dos ideas de capital importancia:

a) la Iglesia tiene que hacerse presente en masa (…)

b) la Iglesia tiene que presentarse en masa cuidando con esmero indecible el testimonio [...] El testimonio consiste en ofrecer signos que solamente puedan entenderse a la luz del evangelio. Exige la conexión entre la liturgia y las expresiones de una manera de caridad inexplicable: literalmente maternal» (Diario, 4-I-1990)

Insiste reiteradamente en ello, como una realidad que considera determinante para la renovación de la Iglesia misma:

«El fermento que ha de cambiar la masa no es algo que testimonialmente se ofrezca como movimiento de "gentes de Iglesia", sino como la comunidad que pueda presentarse como

Iglesia misma (…) La comunidad de la Iglesia no puede mantenerse sino comunicándose. Y si no comunica la Iglesia como tal —como comunidad diocesana— no puede crecer ella, aunque haya crecimientos parciales en ella» (Diario, 11-II-1990)

Esta colaboración en la construcción de «la Iglesia como tal» es la misión que descubre para estos tiempos nuevos. Misión en la que se siente totalmente involucrado y en la cual vale la pena emplear todas las energías:

«El único proyecto posible en cada diócesis, "Iglesia particular", ha de ser más "heroico" que el de cualquier orden religiosa, puesto que es el fundamento real e indispensable, insustituible, de la Iglesia como tal. Y eso es **lo nuevo** en la época, que es, al cabo, volver a los "orígenes"…» (Diario, 13-VI-1989)

«Sé que la empresa que contemplo es la más importante posible: mucho más, por ejemplo, que fundar una orden» (Diario, 4-XI-1986)

Volver a los orígenes es lo mismo que la alusión anterior a los Hechos de los Apóstoles. Frente a "especializaciones" y frente a "parcialismos", he aquí «lo nuevo» de esta época. Lo nuevo que el Espíritu ha recordado a la Iglesia a través del Concilio Vaticano II. Lo nuevo que, siendo vuelta a los orígenes, permitirá a la Iglesia ser plenamente ella misma. Lo nuevo por lo que vale la pena luchar y sufrir hasta el heroísmo.

Esto es nuevo. Muchos santos y cristianos de buena voluntad de otras épocas no han tenido esta luz, que nosotros sí hemos recibido y conforme a la cual debemos actuar.

«Voy calando más y más este criterio para discernir lo "imitable" de los santos. La mayoría de los modernos —¡desde la Edad Media al menos!— han buscado deliberadamente su propia santidad, o la santificación de mucha gente por individuos o por grupos... Actualmente hemos de buscar inmediatamente el crecimiento de la Iglesia en santidad. Y ello matiza muy diversamente ciertas maneras de vivir» (Diario, 2-II-1990)

Es más fácil dedicarse a la santificación de algunas personas o grupos que a la santificación de la Iglesia como tal, pero es esto último lo verdaderamente eficaz. Lo otro produce indudablemente frutos, pero inevitablemente parciales, y desde luego no favorece el crecimiento de la Iglesia como tal: algunos se santifican, pero el conjunto del Pueblo de Dios se va debilitando.

Si entre las causas del deterioro de la Iglesia apuntaba la «negación práctica de la pertenencia de los seglares a la Iglesia» (Reflexiones personales, II) —con la multitud de consecuencias prácticas que ello acarrea—, la renovación de la Iglesia ha de pasar necesariamente por su valoración; valoración que supone ante todo la certeza de la vocación de todos a la santidad; y ello en virtud de su bautismo y de su pertenencia a la Iglesia, no en virtud de su participación en un grupo particular. Primera sugerencia para la renovación de la Iglesia:

> «Que la santidad es nota de la Iglesia y que estamos llamados todos a ser santos por ser miembros de la Iglesia diocesana y universal, no por pertenecer a tal o cual grupo» (Reflexiones personales, IV)

> «Aceptar la realidad de la llamada universal a la santidad, la inspiración del Espíritu Santo soplando sobre los bautizados, sin discriminaciones que partan de lo accesorio en sí —aunque pueda ser para tal o cual grupo de personas—.

> Podríamos decir: la conciencia de la necesidad de disolver la diferencia, establecida en lo interior, en la realidad personal, entre el "estado de perfección canónico" —propio de los

religiosos— y la llamada a la perfección evangélica, que se inicia en el Obispo, en cuanto a la Iglesia particular, y en el Bautismo, para cada cristiano...» (Diario, 13-IV-1989)

¿Significa esto rechazo o desprecio de órdenes, congregaciones religiosas o movimientos apostólicos? De ningún modo. Y la prueba es que el venerable dedicó gran parte de su tiempo y de sus energías a ayudarles mediante la predicación de retiros, Ejercicios espirituales, dirección espiritual, etc.

Pero Rivera matiza. Ordenes, movimientos o grupos de diverso tipo pueden surgir por exuberancia (como expresión de la vitalidad y fecundidad de la Iglesia misma), como suplencia (para atender de manera temporal un campo desatendido hasta que este sea asumido por la Iglesia como tal) o como sustitución; en este último caso resultan nocivos, pues "sustituyen" a la Iglesia diocesana y contribuyen a crear una cierta idea de especialización (como si la caridad con los pobres o la oración, por ejemplo, fueran cosa sólo de un grupo y no de todos los cristianos).

Por lo demás —subrayaba él— Dios puede suscitar una orden o movimiento para una época determinada o para una necesidad particular; una vez cumplida su misión, le toca desaparecer. Sin embargo,

«¿no caeremos en el peligro de querer mantener todo lo válido en un momento dado? Ordenes, movimientos, devociones... Todo parece que tiene que quedar... y queda, pero tal vez como hojarasca» (Diario, 15-XII-1989)

La intención inmediata y explícita debe ser en todo caso el crecimiento y edificación de la Iglesia en sí:

«La existencia cristiana siempre está dirigida, sea cual sea la forma de que se revista el exterior, "a la edificación del Cuerpo de Cristo". Me parece que solemos obrar al revés: tú haces esto, practicas tales virtudes, las ofreces por alguien... y de paso edificas la Iglesia, que algo saldrá ganando. El punto de vista de la intención —el objeto de la búsqueda— es inmediatamente la Iglesia misma, y según eso nos vamos santificando individualmente y vamos ayudando a tales o tales individuos o grupos. Pensar en la edificación de una casa... en la obra que van realizando los albañiles...» (Diario, 17-XII-1989).

En esta misión sublime, la santidad personal se recibe de la Iglesia, y a la vez revierte sobre ella:

«El genuino reformador —prefiero como siempre: transformador— obra desde dentro, movido por el Espíritu que sólo opera en la Iglesia. No recursos a realidades, pensamientos, modos de operaciones advenedizos de fuera; sino recurso a las entrañas maternales mismas de la Iglesia. Y desde ahí se reforma —o se transforma todo—. […] Y por eso al tratar de transformar la Iglesia, soy transformado simultáneamente» (Diario, 13-I-1990)

«El ejercicio de santificación personal mío ha de traer, infaliblemente, una aceleración, literalmente extraordinaria —pues ¡vivimos tiempos extraordinarios en la Iglesia! Y a mí se me ha concedido verlo…— en la edificación de la Iglesia diocesana. […] Mas la señal, por lo menos simultánea, de la vivificación y sanación de la Iglesia de Toledo —como testigo para la Iglesia profundamente enferma— consiste ciertamente en mi propia, personal, individual vivificación y sanación» (Diario, 5-X-1989)

Finalmente, este «volver a los orígenes», este recuperar la Iglesia de los Hechos de los Apóstoles, conlleva también un estilo nuevo, distinto al habitual, marcado por la mediocridad de los hombres que componemos la Iglesia. Vale la pena transcribir este largo texto:

> «Como marejada, como tempestad, avanza en mi ánimo esta conciencia de necesidad acuciante, perentoria, de nuevo ritmo, de estilo nuevo… que es el retorno al antiguo, a lo primero.
>
> Conversación […] acerca del "estilo de la Iglesia". No acierto todavía a describirlo, a discernir las notas particulares, los matices característicos; pero basta con la lectura de los salmos, de los profetas, del Nuevo Testamento en general. Estilo de apremio, de "rugidos", frente a estos rumorcillos tenues, casi inaudibles, de nuestros buenos eclesiásticos, curas o seglares.
>
> Y nuestras vidas, y mi vida misma… Mediocridad, moderación, entendida a la medida de la mediocridad. Pues el modo que imponemos a las palabras y a los actos es deliberadamente mediocre.
>
> Mi vida misma, digo. No nado en abundancia, desde luego; no dispongo de envidiables comodidades; pero no puedo tampoco alimentar la sensación de "frente de guerra". Ni

peligros de nada, ni austeridad extrema, chocante, hiriente, que obligue a cualquiera a reaccionar a favor o en contra de mí. Y menos, como debiera suceder, de Cristo. Bueno, no neguemos los divinos favores; algo de eso hay; pero ¡qué poco!; ¡qué pobremente agresiva resulta mi manera peculiar de vivir!

Pues una prueba para el discernimiento es ciertamente esta: la reacción de las gentes de nuestro entorno. Cotejar las expresiones de quienes rodeaban a Jesucristo, tal como nos los relatan los autores del Nuevo Testamento. Y las reacciones frente a San Pablo, que nos llegan en los Actos y en las epístolas. Y ver si suscitamos idénticas provocaciones, o vamos despertando por lo común, a todo tirar, las respuestas burloncillas de los atenienses...» (Diario, 1-XII-1989)

Como se ve, en el fondo de todas estas indicaciones late una idea muy profunda del ser y de la misión de la Iglesia como Cristo la pensó, y un anhelo apremiante de que sea de hecho, existencialmente, el sacramento universal de salvación.

6.- Opción preferencial por los pobres

Una tercera clave para la renovación de la Iglesia según José Rivera es lo que el Papa san Juan Pablo II ha designado «opción preferencial por los pobres». No trato de recoger aquí toda su enseñanza sobre la caridad o sobre los pobres, sino más bien recoger algunos textos que señalan cómo para él este es un asunto de vida o muerte para la Iglesia.

«El negocio de los pobres, con toda la extensión que yo lo contemplo, con mucha más aún, es ciertamente fundamental en la propagación del evangelio. Y por ello no debo cejar —debo no cejar— hasta conseguir el fruto debido o agotarme yo. En pura gracia de Dios, pues ahondo continuamente en la convicción de que lo más íntimo del egoísmo humano es el deseo de posesión y seguridad» (Diario, 2-III-1990)

«La cachaza con que enfrentamos las desgracias y dolores enloquecedores de la humanidad circundante, constituye pecado gravísimo… y origina nuevas y más densas pesadumbres, que derrumban la Casa de Dios» (Diario, 8-I-1990)

«Ciertamente mi hermano tiene contra mí lo que como hermano tiene derecho a esperar de mí, y yo le escatimo. De donde concluyo, con toda certidumbre, que cualquier pobre tiene contra mí todo retraso en ofrecerle medios más o menos necesarios; comprensión… Nadie aguanta ni la centésima parte de las reservas que él mismo hace con cualquier pobre (…). Concluyo la infructuosidad general de la mayoría de nuestras prácticas de oración, por carencia de las disposiciones adecuadas. Y eso es lo palpable…» (Diario, 9-III-1990)

«No podemos recibir las comunicaciones de Cristo si no le recibimos en todas las formas de comunicación; ahora bien, es evidente que una de ellas, situada probablemente en la misma línea de la eucaristía y después de esta, es la presencia cuasi-sacramental en los pobres» (Diario, 15-XI-1989)

Es suficiente este breve elenco de textos para entender que para él la opción preferencial por los pobres no era manía personal, cuestión de modas u oportunismo momentáneo. En línea con la más genuina enseñanza patrística y magisterial, subraya que este asunto se encuentra en el corazón mismo del evangelio.

En efecto, en la esencia del evangelio se encuentran el amor y la misericordia por un lado y la denuncia de la gravedad de la codicia por otro. Frente a la codicia, Jesús enseña el desprendimiento y la confianza en el Padre, compartiendo con los hermanos gratuitamente lo que de Él hemos recibido de manera también gratuita (Lc 12,13-34). La codicia cierra el corazón a Dios y al hermano y por lo mismo esteriliza la oración y las demás prácticas religiosas.

Por tanto, pertenece a la esencia de la Iglesia *como tal* —es decir, no sólo a algunos de sus miembros "especializados"— vivir el desprendimiento y el amor al pobre. Y en la medida en que esto no se vive, la Iglesia se desnaturaliza, deja de ser reflejo de Cristo y entorpece y opaca su misión de ser sacramento —es decir, signo sensible— de salvación —es decir, del amor misericordioso y gratuito de Dios—.

Entre «lo esencial» que ha de ser predicado «con mucha ambición» el venerable señala:

> «…la pobreza real y el comienzo de la actividad pastoral por el amor a los pobres compartiendo su pobreza, ayudándoles también material-mente a solucionar sus problemas, evangelizan-doles y convirtiéndoles en evangelizadores» (Reflexiones personales, IV)

Y entre «las condiciones del éxito» del Sínodo diocesano –y por tanto de cualquier empresa eclesial– anota:

> «Que se reconozca el valor insustituible de la pobreza de la Iglesia, y de sus miembros más visibles, en el momento actual. Que se proclame con exactitud la llamada universal a la santidad: sin ambigüedades prácticas, intentando promover una idea falsa: evangelio... pero sin pobreza, sin cruz, con escasa oración, sin caridad visible, incisiva en sus realizaciones...» (Diario, 15-I-1990)

Pone de relieve que un signo normal y necesario de la Iglesia de Cristo es que se cumpla lo que el libro de los Hechos relata de la comunidad primitiva: «no había entre ellos ningún necesitado» (Hch 4,34-35). Si en una Iglesia diocesana habita la caridad de Cristo, esta llevará inevitablemente a atender todas las necesidades hasta el final.

Si no se remedia la pobreza es que en la comunidad cristiana escasea la caridad. Y si ésta falta, falta lo esencial: la Iglesia no puede irradiar, no puede ser luz; su palabra no resultará creíble, pues no está acreditada por el signo principal que la constituye. Por eso, entre los remedios que propone para la renovación eclesial Rivera destaca «la solución total del problema de la pobreza»:

> «Finalmente, pero es lo que estimo de inmediata urgencia, que Caritas avance. Ya ha acelerado el paso últimamente. Pero la urgencia es inmediata, como digo. Con metas muy ambiciosas: solución total del problema de los pobres en la Diócesis.
>
> Y en todos los aspectos: económico, laboral, intelectual, espiritual... Por tanto a toda clase de pobres; pobres materiales, enfermos, presos, drogadictos...
>
> Urgentísimo porque los pobres son, con el Obispo y la Liturgia, la base de la Iglesia. Deben ser YA evangelizados y evangelizadores. Deben encontrarse en la Casa de Dios como en su propia casa: porque lo es» (Reflexiones personales, IV)

Lo que parecería una empresa difícil, él la considera asequible y arrebatadora. No duda de que hay medios en la Iglesia para subvenir a todas las necesidades, y menos aún de que el Espíritu impulse a administrar esos bienes según la caridad.

«Nuestra actividad cristiana no puede limitarse a proporcionar comida a un número de pobres, por alto que sea, sino que ha de dirigirse inmediatamente a solucionar todos sus problemas. El poder de la Iglesia, ahora mismo, es enorme. Por supuesto el poder de Cristo, que es infinito, pero la voluntad divina, omnipotente, cuenta ya con medios de alcance casi indefinido. No tenemos que andar buscándolos… La Iglesia diocesana dispone de bienes muy sobrados, como he notado tantas veces, en "su patrimonio" —así se le llama: el patrimonio de la Iglesia— y en sus miembros. Y no puede dudarse, sin pecado, de que el Espíritu Santo les impulse a su administración bajo el impulso de la caridad» (Diario, 3-XII-1989)

El secreto está en proponer a los cristianos toda la verdad del evangelio, con todo su alcance, sin ambigüedades ni reduccionismos. Él mismo responde a las objeciones a esta atrevida propuesta.

«Sé que hay dos objeciones: Primera: carecemos de medios. No lo creo así.

a) La Iglesia dispone de un Patrimonio riquísimo que puede emplear en buena parte en esta obra que es la más propia suya. Esto sale en directo del Evangelio. Y de las enseñanzas de los Papas. Y lo dice expresamente el Papa actual, cuyas llamadas más serias caen en vacío absoluto.

b) Y la Iglesia, la que representa y dignifica el Obispo, dispone, en cierto sentido real, de los bienes sobrantes y aun relativamente necesarios de los bautizados. Ante una empresa de gran magnitud, muchos <u>acomodados</u> son capaces de vibrar. Claro que no se trata de exigir, pero sí de exponer claramente las enseñanzas e invitaciones del Evangelio.

Me parece inútil, y la experiencia lo prueba, predicar verbigracia, la castidad matrimonial si no se predica igualmente y con más energía aún, las invitaciones a la pobreza y al desprendimiento y la condenación de la codicia.

Por otra parte, si no lo hacemos nosotros lo harán el PSOE o la IU —que acaba de proponer un plan de viviendas que hace años había yo pedido… Lo harán ellos. Y triunfarán en las elecciones. El Estado quitará los bienes a la Iglesia con gran satisfacción mía, para qué voy a mentir.

Segundo: Eso le corresponde al Estado. En gran parte sí, pero o no lo hace o cuando lo hace emplea medios absolutamente inmorales: anticonceptivos, esterilizaciones, abortos... obstaculizando la fe y proponiendo la fornicación como medio pedagógico de desahogo.

Así es, pero la responsable de tales pecados es la Iglesia. Sí somos responsables ya, porque esto está pasando ya y podríamos haberlo evitado» (Reflexiones personales, IV)

Los pobres han de ser atendidos en virtud de la caridad de los miembros de la Iglesia y en virtud de su desprendimiento. Pero hay más. Ellos no son sólo destinatarios de la acción benéfica de la Iglesia. Han de ser evangelizados (no olvidemos que este es uno de los signos de la llegada del Reino: Lc 7,18-22). Y más aún: han de convertirse en protagonistas de la vida de la Iglesia hasta llegar a ser ellos mismos evangelizadores. Ya lo hemos visto en alguno de los textos citados. Si la Iglesia se apoya en la debilidad de la cruz (1Cor 1,23-25) y Dios ha elegido lo que no cuenta a los ojos del mundo (1Cor 1,27-28), se sigue que la Iglesia debe apoyarse en los pobres.

Por eso Rivera insiste con todas sus fuerzas:

«Que se oriente el apostolado por los cauces evangélicos: evangelización de los pobres: consecuencias concretas: señalar objetivos bien particulares: participación en la pobreza – convivencia siempre que se pueda – solución real y total de los problemas (económicos, educación, evangelización); evangelización confiada, con el objetivo tenido como muy próximo, de que sean ellos también evangelizadores, y precisamente los más cotizados, orientación a los centros más escandalosamente pobres: cárceles, grupos de drogadictos, alcohólicos, enfermos, gitanos... Y enviando a ellos a los sacerdotes que se manifiesten como más valiosos, de modo semejante a lo que recomienda reiteradamente Roma, respecto de los seminarios» (Diario, 15-I-1990)

El asunto es grave y urgente, cuestión de vida o muerte para la Iglesia...

Conclusión: nuestra misión

Hemos delineado algunos aspectos principales de la propuesta del venerable José Rivera para la renovación de la Iglesia. Pero hay muchos más que convendrá seguir estudiando y exponiendo.

Las claves indicadas son principalísimas y fundamentales. Además de coherentes entre sí. Forman una unidad inseparable: sólo desde la «primacía de lo espiritual» la Iglesia se abre al Espíritu que la fecunda y la llena de vitalidad; con la fuerza infinita del Espíritu la Iglesia como tal —y no sólo los individuos y grupos en ella— vive y expresa en el mundo la exuberancia de la vida divina; y esta vida es ante todo la caridad —porque «Dios es amor»— que redime y dignifica a todo hombre desde la debilidad —porque «la fuerza de Dios se realiza en la debilidad» (2Cor 11,9) y «lo débil de Dios es más fuerte que los hombres» (1Cor 1,25)—. Así la Iglesia cumple su vocación y su misión de ser sacramento —signo sensible y eficaz— de salvación para todos los hombres.

José Rivera no llegó a ver realizada esta renovación de la Iglesia por la cual oró, sufrió y luchó. No la vio hecha realidad. Pero su esperanza permaneció intacta hasta el fin de su vida, porque «la esperanza no defrauda» (Rom 5,5).

«Si realmente, como pienso, Dios me encarga de la misión arriba expresada, si realmente los deseos espirituales no pueden fallar, puesto que es el mismo Espíritu quien los crea para que se realicen fructuosos, este deseo de conversión de la Iglesia particular, en que Dios me encarga laborar, por la cual el Espíritu me mueve a pedir —en la liturgia misma— no puede quedar infecundo» (Diario, 30-VIII-1989)

Ahora nos toca a nosotros recoger la antorcha y continuar esta apasionante misión. Está abierto el camino, porque su misión ha sido abrirlo e iluminarlo. Ahora queda recorrerlo.

Para ello necesitamos su misma esperanza, que le hacía exclamar: «lo peculiar de Dios es hacer maravillas» (Diario, 1-V-1972); y también: «las dificultades son la ocasión para el milagro» (Diario, 26-VI-1972).

Necesitamos dejarnos saturar de esperanza. Pero también de su misma decisión para extirpar el mal de raíz:

«En una enfermedad mortal los remedios insuficientes son absolutamente inútiles. Extirpar la mitad de un cáncer es pura comedia» (Diario, 17-I-1990)

EDITORIAL ANAWIM

Quiénes somos

Sencillamente somos un pequeño grupo de cristianos, católicos, que hemos conocido el Amor de Dios. No sólo a nosotros sino a toda persona llamada a la existencia... y en un misterio cósmico que un día se revelará tras los dolores de parto, un Amor que envuelve y transfigura a toda criatura.

Esta vivencia, que ya ha trastocado todas nuestras vidas, es el motor de esta pequeña editorial. Una editorial que quiere estar atenta a los dolores del mundo, a ese caudal de sufrimiento que nadie puede calcular. Y a los destellos de belleza y de bondad que asoman por doquier, y a las esperanzas y alegrías de todas las gentes.

Qué pretendemos

En comunión con la Iglesia, con la conciencia de que sus llamadas más candentes, más ardientes, más comprometedoras, son desconocidas o situadas en un segundo plano en el alma de muchos hermanos. Así pues, una editorial para intentar, humildemente y confiando en la acción misteriosa de la Providencia, dar luz sobre unas «enseñanzas sociales» transidas de amor sobrenatural y de un lenguaje religioso personalista que remite al Señor de la Historia...

Antiguas inquietudes que conservan todo su valor y vigor originales; personajes desconocidos, sorprendentemente desconocidos, y cuyas vidas son como una inaudita bocanada de esperanza y de verdad; nuevos retos, profundos, complejos, reducidos al fin a la sencillez de la respuesta del amor a cada cual... Todo con sabor a rebeldía, a disidencia, a la alegría del abandono en Dios a través de las luchas por un mundo justo y pacificado, hermanado a la sombra del Padre.

Todas las batallas que el papa Francisco ha expresado en la encíclica *Fratelli tutti*, todos los ámbitos de relación, con Dios, consigo, con los otros, con el universo... La no violencia activa y orante; la lucha por la paz; la justicia y la mística de la revolución social; el amor preferente por los últimos y los descartados; el inmenso y acallado mundo de los presos y prisioneros; los pueblos indígenas como custodios de sabidurías y últimos guardianes del paraíso acosado por la destrucción; las víctimas de los racismos y los combates por el honor y la libertad de todos; el universo de los adictos que aboca a los amores gratuitos; la dignidad de la mujer y el despliegue de todas sus específicas potencialidades; la complejísima e irresoluble cuestión de la identidad de los pueblos y el universalismo, solo abordable desde el espíritu con el que el Espíritu ungió a Gandhi; el mundo de las discapacidades y la justicia social y la voz que nos dice miremos a la persona en sí; los retos de la bioética desvinculados tanto de blasfemas sumisiones a la cultura dominante y sus leyes como de encorsetamientos conservadores... Y el ecumenismo de la pasión por el hombre, que nos conduce a encontrarnos en los caminos del sufrimiento con los hermanos separados. Y el rastrear huellas del Espíritu allí donde se manifiesten, en las religiones, en las culturas... El misterio de Israel, la fraternidad sobrenatural con las gentes del islam... Y la belleza de la Creación, el desafío de la suciedad, la desarmonía, la extinción...

Una mirada de tensión universal desde el misterio de la Iglesia, donde se abisman y se sacramentalizan los anhelos verdaderos de todo hombre y mujer, en todas las edades y latitudes.

Unos modos

Entonces... desproporción absoluta: desde la insignificancia y la pequeñez, pretensiones totales, querer llegar a escalar en medio de cánticos subversivos «las colinas creadoras de la protesta» (Martin Luther King), rodeados de una nube de testigos, como dice la Escritura.

Y en esta pequeñez agraciada cuidar los signos: un espíritu no lucrativo, querer ayudar a otros, si Dios lo permite y lo bendice, mediante la creación de trabajos vinculados a la marcha de la editorial. Permitir, por supuesto, la reproducción total o parcial de lo publicado. Usar de materiales lo más respetuosos posible de los dinamismos vitales de la «Hermana Madre Tierra» (San Francisco). Estar abiertos a la sorpresa respecto a las iniciativas.

OTROS TÍTULOS DE LA EDITORIAL